CONFIDENCE PHILOSOPHIQUE.

Eripuit fulmenque Jovi Phæboque sagittas,
Ac mortale manumittens genus, omnia jussit
Audere.

SECONDE EDITION, REVUE ET AUGMENTÉE.

TOME PREMIER.

GENÈVE.

M. DCC. LXXVI.

*A Mon Ami M******.*

Je vous disois, un jour, & vous en convintes, que la Philosophie moderne, *mise en action, offriroit un Tableau...... .... Les dix premières Lettres de cet Ouvrage vous en présentent quelques traits. Vous y reconnoîtrez la doctrine, &, très-souvent, les expressions mêmes du Livre* de l'Esprit, *de l'*Essai sur les

Préjugés, *des* Oeuvres de la Mêtrie; *de l'*Examen important de Mylord Bolingbrock, *de* la Contagion Sacrée, *du* Syſtême de la Nature, *&c. &c.* *L'ironie qui règne dans ces Lettres & dans la onzième, n'échappera pas à un homme tel que vous, dans les endroits même où elle n'eſt que très-légérement marquée. La douzième en renferme une autre, d'un Militaire, qui diſcute & réſout pluſieurs Queſtions très-intéreſſantes. A-t-il raiſon? A-t-il tort? Vous en jugerez.*

Je ſuis, *&c.*

Genève, le 7me. de Mai. 1776.

CONFIDENCE PHILOSOPHIQUE.

PREMIERE LETTRE.

IL est, Monſieur, des ſervices que la reconnoiſſance ne peut jamais égaler; celui que vous m'avez rendu eſt de ce genre. Vous avez détruit les triſtes préjugés de mon enfance; vous m'avez délivré des pénibles entrâves de la ſuperſtition; &, par la manière de penſer que je tiens de vous, je puis dire, que je vous dois ma liberté & ma vie.

Je n'entrerai pas ici dans des détails sur mon éducation dans la maiſon paternelle ; m'arrètant à mon objet principal, je vous dirai, que je n'avois pas atteint ma huitième année, lorſque mon Père mit entre mes mains ce que les Chrétiens appellent un *Catéchiſme*. Ce bon-homme ne ſe doutoit pas, qu'il ſe hâtoit d'enchaîner ma Raiſon, ou, plutôt, de l'écrâſer dans ſon germe. Chaque jour il falloit apprendre une portion, marquée, de ces abſurdités, rangées par *Demandes* & par *Réponſes*. Avec quel dégoût je rempliſſois cette tâche ridicule ! Je ne puis me défendre d'un mouvement d'humeur contre mes parens, lorſque je penſe à l'amertume que cette étude forcée répandit ſur mes premières années. Quoiqu'incapable de ſentir, alors, toute la ſottiſe de ces leçons, dont on harceloit mon entendement, & l'on fatiguoit ma mémoire, je faiſois cependant quelquefois, comme par inſtinct, des queſtions, auxquelles mon très-cher Pére ne manquoit pas de répondre : „ Mon fils, dans „ quelques années, je vous expliquerai ce „ qui eſt, actuellement, au-deſſus de votre

„ portée ; ne penſez qu'à me réciter, mot „ pour mot, ce que je vous donne à ap- „ prendre ; vous reconnoîtrez, un jour, qu'on „ ne vous enſeigne rien qui ne ſoit très- „ raiſonnable. "

Cette réponſe, ſouvent répétée, étouffoit les mouvemens de curioſité ou d'impatience, que certains Articles de Foi ne pouvoient que faire naître dans mon ame. Je continuois donc à meubler ma tête d'inepties religieuſes ; & je fus ſi ſoumis aux volontés de mes parens, que, dans l'eſpace de cinq ou ſix années, j'appris par-cœur, je ne ſais combien de fois, mon *Catéchiſme*, d'un bout-à-l'autre. Au moyen de la très-commode Réponſe de mon Pére, & de mon humble docilité, je me trouvai Chrétien-fait, à l'âge de quinze à ſeize ans. Ma Foi étoit ſi pleine, ſi robuſte, &, en même temps, ſi babillarde, que mon Pére, glorieux de mon profond ſavoir, me conduiſit chez un Eccléſiaſtique, qui, apres un long examen, où je récitai bien plus que je ne raiſonnai, me donna mon brevet de Membre de l'Egliſe.

Pendant quelques années, je ne me trouvai pas mal de la ſituation d'eſprit où me tenoit mon Chriſtianiſme, à cauſe des belles eſpérances d'immortalité, dont il berce ſes Sectateurs, en dédommagement des plaiſirs qu'il leur fait perdre dans ce monde. Quoique ma Foi ne fut qu'une Foi aveugle, une Foi de mémoire, elle m'empêchoit cependant de m'écarter de ce que l'on m'avoit dit être *mes devoirs*. Je me rappelle, en particulier, que l'idée de ce prétendu *Jugement* à venir, qui devoit décider de mon bonheur, ou de mon malheur éternel, avoit fait ſur mon eſprit une telle impreſſion que je tremblois, à la penſée de la plus légere altération qui pouvoit être faite à la pureté de mes mœurs. Que j'étois ſot, Monſieur! auſſi ne vous fais-je cet humiliant aveu, que pour expier, en quelque manière, ma ſottiſe.

Il eſt vrai que les tentations auxquelles je me trouvois alors expôſé, n'étoient ni grandes, ni fréquentes. Nous paſſions les trois-quarts de l'année dans une maiſon de campagne; j'étois ſtupidement cloué aux côtés de mes chers parens, attentif à leurs moindres volontés, & ne cherchant qu'à leur complaire. Mon Pére, qui me destinoit au Commerce, m'envoya à *Amsterdam*, chez un Négociant de ses amis, lorsque j'entrois dans ma dix-neuviéme année.

Après les complimens ordinaires, Mr. *Olban*, (c'est le nom de ce Négociant) me dit d'un ton grâve & d'un air recueilli: „ Mon „ ami, êtes-vous bon Chrétien? " Je lui montrai un Certificat honorable du Pasteur qui m'avoit admis à la Sainte-Céne. „ Bon! " me dit-il „ je connois ce Pasteur; il est „ Chrétien Orthodoxe. Mon enfant, le „ Christianisme n'est rien sans l'Orthodoxie; „ priez Dieu, soir & matin, qu'il vous main- „ tienne Orthodoxe! " Je l'assurai que ma Foi étoit de la plus forte trempe; & il me combla de ses bénédictions & de ses louanges.

Je ne quittois presque pas Mr. *Olban*, ou Madame *Olban*, dont, par parenthèse, le Christianisme Orthodoxe ne le cédoit en rien à celui de son très-cher & très-digne époux. Je ne vous dis rien de ce couple conjugal. Ce sont de ces formes quotidiennes, que l'on se peint sans les avoir vues. Mais, bon Dieu! quelle compagnie! Nous n'avions que des converſations pieuſes ; nous ne faiſions que de ſaintes lectures ; nous aſſiſtions réguliérement au Culte public ; nos priéres domeſtiques étoient fréquentes & longues ; au moyen de quoi je fus bientôt un *Prédeſtiné* ; c'eſt le nom que me donnoit, avec complaiſance, Mr. *Olban*, parce qu'il me regardoit comme ſon ouvrage.

J'ai peine à comprendre comment je m'accommodois de ces éternels exercices de dévotion, de cette langoureuſe monotonie de lectures & de priéres, dont, aujourd'hui, le ſeul ſouvenir engourdit tous mes ſens. Je me rappelle cependant, que ſi je n'éprouvois pas du plaiſir, je n'étois pas non plus, à proprement parler, dans un état de ſouffrance. Je ne cherchois pas à ſortir de cette ſituation, parce que j'ignorois qu'il en fût de plus douces ; &, vraiſemblablement, je mènerois encore cette triſte vie, ſans l'événement heureux qui amena ma délivrance.

Mr. *Olban*, étant d'un âge avancé, chercha quelqu'un qui l'aidât dans ſon commerce, & à qui il put le remettre au bout de quelques années. Un de ſes parens lui adreſſa un jeune homme, dont il lui vanta les lumiéres, les talens & les mœurs; il se nommoit *Dorivart*. Sa figure étoit prévenante; elle annonçoit de la douceur dans le caractère; son esprit étoit cultivé, & sa conversation intéressante. Mr. *Olban* consentit à le prendre chez lui pendant quelques mois, afin de s'assurer si la réalité répondoit aux éloges & aux apparences. Il ne tarda pas à voir que *Dorivart* étoit son *homme*; & comment ne l'auroit-il pas été? Il assistoit à nos exercices de dévotion avec tant d'assiduité, tant de recueillement, tant d'extâse; il se pâmoit si saintement sur certains passages de la Bible, qu'un jour Mr. *Olban* ne put s'empècher de lui dire, du ton de la plus grande cordialité: „ Je regrette que vous ne soyez „ pas né dans les commencemens du Christianisme; vous auriez été, infailliblement, „ un des saints Pères de l'Eglise & un bien„ heureux martyr. " *Dorivart*, baissant humblement la tête, le remercia du tendre intérêt qu'il prenoit à lui, & de la bonne opinion qu'il en avoit conçue.

Un an s'étoit écoulé, sans qu'il me fut

ſeulement venu le plus léger ſoupçon ſur la ſageſſe de *Dorivart*; je le croyois un *Saint*, & j'ambitionnois de lui reſſembler, lorſqu'une aventure m'apprit à le connoître. Mr. *Olban* avoit conſenti que j'allaſſe paſſer deux jours à la campagne d'un ami de mon Pére, à qui j'avois été recommandé; m'y étant rendu, j'y trouvai pluſieurs étrangers, qui devoient y reſter pendant quelque temps; de ſorte que, toute la maiſon étant occupée, je fus obligé, après le ſoupé, de retourner à la ville, où je n'arrivai que fort tard. En entrant dans ma chambre, qui étoit auſſi celle de *Dorivart*, quelle ne fut point ma ſurpriſe, en le voyant à table avec une jeune perſonne dont l'habillement & l'attitude n'annonçoient rien moins qu'une Veſtale. Je voulus ſortir; mais *Dorivart*, ſans ſe déconcerter, me prit par la main, me placa auprès de ſon héroïne, qui, de ſon côté, ne me parut pas fort inquiette de ma préſence.

Vous vous peignez, ſans doute, Monſieur, l'éclatante rougeur de mon front & le prodigieux embaras de ma contenance. Combien les préjugés de l'éducation me rendirent petit & ridicule ! .... Permettez que je paſſe vite au denouement de cette aventure.

Dorivart accompagna ſa *Phryné*, qui ſe retira ſur les trois heures du matin. Je reſtai ſeul pendant quelque temps, & je ne pouvois me perſuader que tout ce qui venoit de ſe paſſer ne fut pas un rêve. *Dorivart*, en rentrant, me dit d'abord, d'un ton goguenard: „ Eh bien, mon ami, vous n'êtes pas encore „ revenu de votre ſurpriſe ? Je comprens „ qu'elle a été grande, après tout ce que „ vous m'avez vû faire dans cette lugubre „ maiſon. Il faut convenir que de plus „ clair-voyans que vous s'y ſeroient trom- „ pés. Mais, de quels ! efforts n'eſt-on pas „ capable, lorſqu'il s'agit de duper un hom- „ me de qui l'on attend ſa fortune! L'on „ m'avoit dit, & je ne tardai pas à le voir' „ que notre cher *Patron* étoit un cerveau „ foible, ſur lequel on a gravé, que la vie „ doit ſe paſſer à mortifier ſes ſens, à re- „ pouſſer des plaiſirs auxquels la nature elle- „ même invite, à ſe tâpir humblement dans „ une ſainte retraite, à y feuilleter ſans

„ ceſſe ce livre abſurde que l'on appelle *la* „ *Bible*, à faire de longues & mauſſades orai- „ ſons, en un mot, à s'ennuyer, pour l'a- „ mour de Dieu, périodiquement, deux ou „ trois heures par jour. Que j'étois éloigné „ de goûter cette extravagante maniére de „ penſer & de vivre! Mais conſidérant que „ j'étois ſans biens, & ſans parens de qui „ je puſſe en attendre; que le bon-homme „ *Olban* étant ſeptuagénaire, j'en ſerois quit- „ te pour me plier, pendant quelques an- „ nées, à ſon genre de vie; que je pourrois „ me dédommager, hors de ſa maiſon, de la „ violence qu'il faudroit me faire ſous ſes „ yeux; que je lui en impôſerois d'autant „ plus aiſément qu'un homme reli- „ gieux ne pouvoit être qu'un ſot; con- „ ſidérant, dis-je, toutes ces choſes, je pris „ courageuſement le parti de faire le Saint; „ & je m'en ſuis ſi bien tiré juſqu'à pré- „ ſent, que j'y aurois preſque été trompé „ moi-même. Avouez, mon cher, „ ajouta-t-il, en me frappant ſur l'épaule „ que „ vous penſiez déja à me faire canoni- „ ſer? "

„ J'avoue, " lui répondis-je „ que vous „ avez très-bien ſçu prendre tous les dehors „ de la ſainteté ; &, ſi l'hypocriſie eſt une ver- „ tu.... „ Sans doute ! dit *Dorivart*, ſans dou- „ te, elle eſt une vertu vis-à-vis de gens de „ l'eſpéce d'*Olban* ! .... mais il eſt tard „ actuellement ; demain nous reprendrons „ cette converſation ; adieu, mon pauvre „ *Torman* ; j'ai de grandes vues ſur vous ! „ Miſérables préjugés! ... Prêtres abomina- „ bles ! .... mais non ; je ne veux pas remuer „ ma bile ; j'ai trop beſoin de repos. "

Ce qui venoit de ſe paſſer m'occupa tellement que je ne fermai pas l'œil de tout le reſte de la nuit, tandis que *Dorivart* dormoit paiſiblement à mes côtés. Au moment où il s'éveilla : „ Que le ſommeil, me dit- „ il, eſt doux, quand il a été préparé par „ le plaiſir ! J'eſpére, mon ami, que vous „ ne tarderez pas à en faire l'heureuſe ex- „ périence. J'ai peine à comprendre com- „ ment, à votre âge, vous pouvez tenir dans „ cette maiſon, ou plutôt, dans ce triſte „ monaſtère ! C'ent-fois j'ai été tenté de vous „ faire ouvrir les yeux ſur les ſottiſes dont

„ on perſécute, ſi cruellement, votre jeu-
„ neſſe ; mais j'ai craint que quelque indiſ-
„ crétion, de votre part, n'apprit à notre
„ cher *Patron* à me connoître ; déſormais
„ je n'aurai plus rien de caché pour vous,
„ ſi vous me donnez votre parole d'honneur
„ que vous ne trahirez pas ma confiance,
„ & que je n'aurai point à me repentir
„ d'avoir travaillé à vous rendre heureux. "

„ Je vous jurerai „ lui dis-je " ſur l'E-
„ vangile... „ Qui vous parle de l'E-
„ vangile " me répondit-il en m'interrompant „ c'eſt votre parole d'honneur
„ que je vous demande ! " Dès-que je
l'a lui eu donnée. „ Ce n'eſt pas vous que
„ je blâme, me dit-il, ce ſont vos cruels
„ parens, qui ont perverti les dons de la
„ nature ! Au-lieu d'une éducation qui fit
„ de vous un jeune homme aimable, ils
„ ſemblent avoir voulu former un triſte
„ Anachoréte. Je ſuis sûr que, dès votre
„ enfance, ils ont mis entre vos mains les
„ deux grands *Codes* des Diſciples de *Jé-*
„ *ſus*, le *Cathéchiſme* & la *Bible* ; &
„ qu'ils vous ont perſuadé que la Bible

„ venant de Dieu en droiture, & le Ca-
„ théchiſme étant calqué ſur elle, c'étoient
„ là les ſeuls Oracles à conſulter & à ſui-
„ vre. De miſérables Prêtres, éternels
„ ennemis des hommes, vous ont con-
„ firmé dans cette croyance, au moyen
„ d'un tâs de raiſonnemens plus abſurdes
„ les uns que les autres; vous les avez
„ écouté avec le reſpect qu'inſpire l'air de
„ gravité qu'ils ſavent ſi bien prendre; &
„ il ne vous eſt pas même venu dans la
„ penſée, qu'ils puſſent être des Docteurs
„ de menſonge. Convenez (ajouta-t-il, en
„ me regardant d'un œil de pitié) que je
„ viens de faire votre hiſtoire!"

„ Permettez-moi" lui répondis-je „ de
„ vous demander, ſur quoi vous fondez
„ tout ce que vous venez de me dire?
„ Je ſuis d'autant plus diſpoſé à vous
„ entendre, qu'il eſt vrai que juſqu'ici
„ je n'ai pas trop examiné les opinions
„ que l'on m'a fait adopter, ne ſoupçon-
„ nant pas ſeulement qu'elles puſſent être
„ erronées. Je ſerai charmé de faire cet
„ examen avec vous."

„ Je me chargerois volontiers de vous „ instruire, me dit *Dorivart*, mais ces „ sortes de matières ayant quelque chose „ qui embrunit l'imagination; & n'étant „ d'ailleurs déja que trop assommé de „ l'ennui mortel dont m'abreuve *Olban*, „ je préfère de vous adresser à un homme „ d'un grand mérite, vrai *Philosophe*, „ qui a opéré ma Conversion, & qui „ se fera un plaisir de travailler à la „ vôtre. Quelque fortement que puisse être „ attaché le bandeau de l'opinion, dont „ on a couvert votre enfance, il saura „ bien l'arracher; fiez-vous-en à ma pa„ role. Ce n'est pas un Docteur sombre „ & farouche, comme vos Prêtres, mais „ un homme aimable, qui a l'art d'ins„ truire, en amusant..... "

Nous en étions-là, lorsqu'on nous avertit que nos chers *Patrons* nous attendoient pour la Dévotion du matin. „ Allons bâiller " me dit *Dorivart* „ gardez-vous de „ rien faire qui puisse désabuser notre „ homme; je vais reprendre la céleste en„ colure d'un Séraphin; & je ne doute

„ pas que vous ne me croyiez encore „ taillé exprès pour le Royaume des „ Cieux. "

Nous voilà donc autour d'une table, ſur laquelle repôſoient les ſacrés inſtrumens de notre Dévotion quotidienne. *Dorivart* s'en empara d'abord ; & il s'acquitta de ſon miniſtère avec tant de ferveur que Saint *Olban* l'interrompit plus d'une fois, pour donner eſſor à quelques ſoupirs de componction, & laiſſer couler quelques larmes.

Vous concevez, Monſieur, la pénible ſituation où me mit cette ſingulière comédie, & mes efforts pour ne rien laiſſer échapper qui décelât que c'en étoit une. Je fis cependant, juſques-à-la fin, bonne contenance ; auſſi *Dorivart* me dit, lorſque nous fûmes dehors : „ Fort bien, mon „ ami, fort bien ! on fera quelque choſe „ de vous ! profitons de notre heure de „ relâche, après ce terrible exercice, pour „ aller chez le *Philoſophe* dont je vous ai „ parlé ; c'eſt le moment où l'on eſt sûr „ de le trouver dans ſon Cabinet. Avec

„ un degré médiocre d'attention, vous sen„ tirez bientôt le ridicule des opinions dont „ on a imbu votre enfance. "

Nous eûmes, en effet, Monſieur, le bonheur de vous trouver chez vous; & nous fûmes reçus avec cette cordialité, cette aiſance, qui caractériſent l'*homme du monde*, & qui manquent aux gens-d'Egliſe, dont l'accueil eſt preſque toujours ſec, la politeſſe gênée, & la converſation peſante. Dès-que *Dorivart* vous eut dit le motif de notre viſite, je me rappelle que, me regardant d'un œil de complaiſance, vous me dites, que ma démarche annonçoit un déſir de connoître la vérité, qui me faiſoit honneur; que je ne paroiſſois pas né pour penſer comme le Vulgaire. Vous ajoutâtes à cela quelques complimens plus flatteurs encore; & vous m'aviez mis fort à mon aiſe, loſque vous daignâtes commencer l'inſtruction que j'étois venu recevoir.

De quel ridicule vous couvrîtes, d'abord, tout ce que les Chrétiens nous diſent ſur ce qu'ils appellent la *Révélation*. Vous remarquâtes que

que, de tout tems, il y a eu des hommes qui se sont dit *inspirés*; & vous me fites, à ce sujet, mille *Contes* très-plaisans. Vous vous écriâtes, fort à propos, & du ton d'un homme révolté de l'audace du mensonge „ Dieu a parlé! & à qui a-t-il parlé? „ Il a parlé à des hommes. Pourquoi n'en „ ai-je rien entendu? Il a chargé d'autres „ hommes de vous rendre sa parole. J'en„ tends; ce sont des hommes qui viennent „ me dire ce que Dieu a dit. J'aimerois „ mieux avoir entendu Dieu lui-même; il „ ne lui en auroit pas coûté davantage, & „ j'aurois été à l'abri de la séduction. Il vous „ en garantit en manifestant la mission de „ ses Envoyés. Comment cela? Par des pro„ diges. Et où sont ces prodiges? Dans des „ livres. Et qui a fait ces livres? Des hom„ mes. Et qui a vu ces prodiges? Des hom„ mes qui les attestent. Quoi! Toujours „ des témoignages humains? Toujours des „ hommes qui me rapportent ce que d'au„ tres hommes ont rapporté? Que d'hom„ mes entre Dieu & moi! Voyons, toute„ fois, examinons, comparons, vérifions.

„ Oh ſi Dieu eût daigné me diſpenſer de tout „ ce travail, l'en aurois-je ſervi de moins „ bon cœur? "

Je ſentis l'abſurdité de cet emplacement de tant d'hommes entre Dieu & moi; & il me parut clair que ſi Dieu avoit voulu me parler, il l'auroit fait en droiture. Vous eûtes encore la bonté de m'empêcher d'examiner, *ſi, en effet, Dieu s'eſt révélé aux hommes*, en me faiſant conſidérer dans quelle horrible diſcuſſion j'allois m'engager. Je fus effrayé de l'érudition qu'il faudroit acquérir, des langues qu'il faudroit apprendre, des Bibliothéques qu'il faudroit feuilleter, de l'immenſe lecture qu'il faudroit faire. Et votre *Dialogue*, ſi heureuſement imaginé, entre un *Inſpiré* & un *Raiſonneur*, quel dégoût ne me donna-t-il pas pour cet examen, quand je vis que l'*Inſpiré* n'avoit à oppoſer que des puérilités, & des injures, aux Argumens du *Raiſonneur*!

Combien vous m'amuſâtes, en faiſant paſſer devant mes yeux les trois principales Religions de l'*Europe*, & en me montrant qu'avant que d'écouter quelqu'un qui prétend que ſa Religion eſt préférable aux autres, il faudroit (à moins d'ètre fou) ètre allé en *Europe*, en *Aſie*, en *Paleſtine*, examiner par ſoi-même, nul n'ayant droit de ſe fier au témoignage d'autrui. „ Dès-lors " me diſiez-vous „ la terre ne ſeroit couverte que de „ Pélerins, allant à grands frais, & avec de „ longues fatigues, vérifier, comparer, exa- „ miner, par eux-mêmes, les divers Cultes „ qu'on y ſuit. Adieu les Métiers, les Arts, „ les Sciences humaines, & toutes les oc- „ cupations civiles ; il ne peut plus y avoir „ d'autre étude que celle de la Religion ; à „ grand peine celui qui aura jouï de la ſanté „ la plus robuſte, le mieux employé ſon „ tems, le mieux uſé de ſa raiſon, vécu le „ plus d'années, ſaura-t-il, dans ſa vieilleſſe, „ à quoi s'en tenir, & ce ſera beaucoup, „ s'il apprend, avant ſa mort, dans quel „ Culte il aurait dû vivre. "

Rien de ſi groteſque que le ſpectacle que m'offroient tous ces voyageurs, allant à la quète d'une Religion, & s'en retournant chez eux, après bien des fatigues, auſſi ignorans qu'avant leur départ.

Vous plaisantâtes, ensuite, très-agréablement, sur les *Prophéties* & sur les *Miracles*; & vous me prouvâtes, que, dans plusieurs occasions, vous auriez pu vous faire passer pour *Prophéte*, si la fantaisie vous en eût pris. Et dans cette *Morale Evangélique*, si vantée par les Théologiens, que de choses vous me fites voir qui combattent nos plus doux penchans, & qui sont impraticables! Quelle sombre peinture vous me fites de la vie d'un homme qui agiroit en conséquence de cette désolante *Morale*! S'il vous souvient, Monsieur, combien je rougis de ma sotte crédulité; de mon côté, je n'oublierai jamais, avec quelle bonté vous soulageâtes ma honte, en me parlant de la force des préjugés que l'on a sucés avec le lait, & de la peine que vous aviez eû vous-même à vous en défaire.

Quelles délices j'éprouvai, lorsque vous m'eûtes introduit dans le Sanctuaire de la *Philosophie*! Avec quelle avidité je dévorai les sublimes *Ouvrages* que vous mites entre mes mains! Quelle heureuse révolution dans toute mon existence! Combien je me sentis à l'aise, lorsqu'après m'avoir débarrassé de mes lugubres *Principes Evangéliques*, vous m'eûtes appris, que l'*ame* & le *corps* sont une seule & même chose; que l'homme n'est pas *libre*; que l'*intérêt personnel* est, & doit être, le principe de toutes nos actions; que la *convention* fait, seule, le mérite & le démérite de ce qu'on appelle le *vice* & la *vertu*; qu'il est inutile de s'efforcer de vaincre ses *passions*; que l'idée d'une *vie à venir* est une invention de l'amour-propre; &c. &c. Je ne puis mieux comparer mon état qu'à celui d'un Prisonnier que l'on délivre de ses fers, & que l'on tire d'un cachot noir & infect, pour le remettre en liberté. Jugez, par-là, Monsieur, de la vivacité de ma reconnoissance.

La portion de ma vie, que je passois auprès du stupide *Olban*, fut, dés-lors, un vrai supplice. Je concevois moins que jamais l'intrépidité de *Dorivart* à la soutenir. Il est vrai que depuis qu'il m'avoit fait son confident, il se dédommageoit, en toute liberté, dans le secret, de la contrainte où il étoit sous les yeux d'*Olban*. Toute sa piété expiroit dans la solitude, pour ressusciter au moment où son *bien-aimé Patron* (c'eſt ainſi qu'il l'appelloit) venoit à paroître.

Quant à moi, je n'étois pas ſpectateur oiſif des dédommagemens que ſavoit prendre *Dorivart*; & je dois dire, à ſa louange, qu'il eut la bonté d'appuïer vos leçons de *Philoſophie*, en me faiſant partager ſes plaiſirs. Comme il avoit une grande expérience, je ne me conduiſis d'abord que par ſon exemple & par ſes avis. Au bout de quelques mois, il me fit l'honneur de me dire, que j'étois auſſi habile que mon Maître. Quand une-fois l'on eſt entré dans le bon chemin, c'eſt-à-dire, dans celui que nous frayent les penchans de la nature, on y marche bientôt à pás de géant, & le ſentiment des progrès que l'on fait eſt un nouveau motif à en faire.

Cependant, accablé, anéanti ſous le poids de ces terribles heures du matin & du ſoir, qu'il falloit donner à la dévotion domeſtique, & dont *Olban* ne faiſoit jamais grâce, je déſirois ardemment d'entrer dans quelqu'autre maiſon, où je puſſe goûter en paix les plaiſirs que j'avois appris à connoître, & qui perdoient presque toutes leurs douceurs par l'ennui mortel dont *Olban* me les faisoit acheter. Mais comment obtenir le consentement de mon Père ? Il étoit venu passer quelques jours à *Amsterdam*, & il avoit été si édifié de nos Exercices Religieux, & du bon témoignage qu'*Olban* avoit rendu à ma piété & à mes mœurs, qu'il ne cessoit de remercier la Providence du bonheur que j'avois eû d'entrer dans cette sainte maison. Il me parloit, dans toutes ses lettres, de cette faveur céleste, & il m'exhortoit à ne jamais oublier les sages leçons, & l'édifiant exemple de l'excellent homme avec lequel j'avois l'avantage inestimable de vivre.

Une nuit que j'oubliois cette touchante exhortation de mon très-cher Père, & que, de concert avec *Dorivart*, j'écoutois la voix plus persuasive du plaisir, tout-à-coup nous entendîmes ouvrir notre porte, que nous avions oublié de fermer à la clef, & nous vîmes paroître notre cher *Patron* en bonnet & en robe-de-chambre. Je voudrois pouvoir vous peindre l'étonnement, la confusion, la pétrification de ce saint homme. Il me semble le voir encore, ſes yeux béats tournés lugubrement vers le ciel, ſes deux grands bras perpendiculairement étendus le long de ſes côtés, ſa bouche préſentant une ouverture ſépulchrale, ſes jambes ſéches, vacillantes, & prètes à manquer ſous lui.... „ Père éternel!.... " Il n'eut pas la force d'en dire davantage; & il tomba dans une défaillance, dont nous eûmes la bonté de l'aider à revenir. Pendant que nous lui donnions nos ſoins, nos deux Héroïnes (vous aurez bien compris que nous n'étions pas ſeuls) diſparurent; & nous, au moment où *Olban* reprenoit connoiſſance, nous fimes venir ſes domeſtiques, & nous nous mimes prudemment à l'abri de la tempête dont nous étions menacés.

Lorſque nous fûmes dans la rue, *Dorivart*, qui quittoit ſa fortune, en quittant cette maiſon, ne pouvoit, malgré cela, s'empècher de rire à gorge déployée, en ſe peignant la gueule béante d'*Olban*, & ſon étrange ſcandale, lorſqu'il avoit poſé ſur nous ſes regards. „ Convenez, me dit-il, „ que cela formoit un tableau qui vous

„ feroit pâmer de rire, lors-même que
„ vous feriez à l'agonie. Allons " ajouta-t-il „ mon ami; entrons dans quelque Au-
„ berge éloignée de la demeure d'*Olban*;
„ &, dès-le point du jour, partons pour
„ l'Angleterre, où j'ai des parens qui nous
„ rendront fervice. J'ai, heureufement, en
„ poche, quelque argent, & une lettre de
„ change de notre homme fur un Banquier
„ de *Londres*; nous ne devons nous faire
„ aucune peine de nous en approprier le
„ montant; c'eft l'imbécillité d'*Olban* qui
„ nous force de quitter fa maifon; &, af-
„ furément, il ne nous paye pas trop cher
„ le long & affommant ennui de fes Dé-
„ votions domeftiques. Au-furplus, nous
„ tirerons de cet argent un meilleur parti
„ que n'auroit fait notre Saint-homme;
„ car vous aurez remarqué, qu'à l'exem-
„ ple de Meffieurs les *Dévots*, il expie
„ plus volontiers fes péchés par des prié-
„ res que par des aumônes. "

Nous rappellâmes, à ce fujet, certaines *Réflexions* d'un *Philofophe* moderne fur *l'inégale & abfurde diftribution des biens*; fur le droit *primitif* qu'a chaque Individu aux productions de la nature ; ſur les maux qui réſultent de l'inégalité de partage ; ſur la néceſſité où ſe trouve ſouvent l'homme de ravir ou par force, ou par ruſe, ce qui ne devoit pas lui être diſputé ; & ſur l'*Axiome politique*, imaginé par les Légiſlateurs, pour cacher aux hommes leur *droit naturel*, & l'enlever à ceux qui ſont mal partagés, *Ne fais pas à autrui ce que tu ne voudrois pas qui te fut fait à toi-même.*

Quelque ſolides que fuſſent ces Réflexions, comme je n'étois pas encore habitué à agir conſéquemment à tous les Principes de la *Philoſophie*, *Dorivart*, par condeſcendance pour un ſcrupule qui me reſtoit ſur la *Lettre de change*, me promit que nous en rembourſerions le payement à notre *Patron*, lorſque nos finances nous le permettroient.

Dès-que le jour parut, nous allâmes vous faire nos adieux ; mais, craignant les recherches d'*Olban*, nous abrégeâmes le récit de notre aventure. Je me hâte de tenir la promeſſe que je vous fis de vous la raconter en entier, dès-le moment de notre arrivée à *Londres* ; j'y ai joint le détail, que vous me demandâtes aussi, des événemens de ma vie, jusqu'au moment où j'eus le bonheur de vous connoître & d'être instruit à votre Ecole.

Je suis &c.

SECONDE

SECONDE LETTRE.

LE croirez-vous, Monſieur? *Dorivart*, qui m'avoit fait mille proteſtations d'une amitié éternelle, à qui j'avois donné toute ma confiance, *Dorivart* diſparut, trois jours après notre arrivée à Londres. Inquiet, au-delà de toute expreſſion, j'allai d'abord chez le Banquier ſur qui la Lettre de change d'*Olban* étoit tirée, & dont il m'avoit dit qu'il alloit demander le payement. J'appris qu'on le lui avoit compté, & que, dès-lors, on ignoroit ce qu'il étoit devenu.

Je me ſerois trouvé dans le plus grand embarras, ſans un de ſes parens, nommé *Hébert*, chez qui nous étions allés, au moment de notre arrivée. Comme il nous avoit fait l'accueil le plus honnête, & les offres de ſervice les plus obligeantes, j'allai lui demander, s'il n'avoit point vû *Dorivart*; il me répondit, qu'il ne l'avoit pas apperçu depuis notre premiére viſite. Je lui déclarai, alors, la triſte ſituation où je me trouvois, étant ſans amis dans *Londres*, & ne pouvant payer ma dépenſe à l'Auberge, que lorſque j'aurois reçu de l'argent de mon Père. „ Tranquilliſez-vous " me répondit-il „ ma „ maiſon vous eſt ouverte. *Dorivart* m'a „ paru de vos amis ; il faut qu'il lui ſoit „ arrivé quelque choſe d'extraordinaire ; je „ tâcherai de découvrir ce qu'il eſt devenu. „ Voilà ma bourſe ; vous ſatisferez votre „ hôte ; & j'eſpére que ce ſoir nous aurons „ le plaiſir de ſouper avec vous. « Je paſſe ſous ſilence les proteſtations que je fis à ce galant homme, d'une reconnoiſſance éternelle.

Dès-le lendemain de mon entrée chez *Hébert*, j'écrivis à mon Père ; & , convaincu qu'*Olban* lui auroit fait, de ce qui s'étoit paſſé, la rélation la plus lamentable, loin de diminuer mes prétendus torts, je les aggravai, je fis de moi un vrai monſtre, & je témoignai un repentir proportionné à l'atrocité de mon forfait. J'entâſſai les mots d'*iniquité*, de *dépravation*, d'*aveuglement ſpirituel*, d'*abandon de la grâce*, de *bourrellemens*, de *déſeſpoir* ; je me mis au-deſſous de l'*Enfant Prodigue*, & je convins qu'il avoit été beaucoup plus digne que moi de la compassion de son Père. En cet endroit, je mouillai le papier de ma lettre, de manière à faire croire, qu'il avoit été arrosé de mes larmes. Je finis, en disant, qu'il me falloit dix années d'une vie exemplaire, pour expier le crime dont j'osois solliciter le pardon. C'étoit la lettre d'un Pénitent, à qui la Consçience (passez-moi ce terme vulgaire) auroit reproché des rapines & des brigandages. A quelles ressources on peut être réduit par l'imbécillité paternelle !

Trois semaines s'étoient écoulées, & je n'avois point de réponse à mon humble requête ! Enfin on m'apporte une lettre ; j'en déchire le cachet, je regarde la signature ; elle étoit d'un de mes Cousins ; il m'annonçoit que la nouvelle de ma fuite de la maison d'*Olban*, & de ma conduite *scandaleuse*, (l'épithéte est du cher Cousin) avoit fait une telle impression sur mon Père, qu'il avoit été saisi d'une fiévre violente, accompagnée de transports au cerveau & qu'il étoit mort au bout de çinq jours, sans avoir eu un instant pour se reconnoître. Cet exposé étoit accompagné de reproches amers sur la manière dont j'avois répondu aux bontés d'un Père qui sembloit ne vivre que pour moi; & il étoit terminé par un tas de Réflexions lugubres, & de ces saintes trivialités dont les Ecclésiastiques ont farci la cervelle de mon très-crédule & tres-honoré Cousin.

Me le pardonnerés-vous, Monsieur? Au premier moment je fus affecté de la mort de mon Père; je ne pûs même me défendre d'un remors en pensant que j'en étois la cause; mais ce remors fut bientôt étouffé, graces à la *Philosophie*! Je crûs l'entendre me dire —— qu'en me donnant la vie, mon Père avoit bien moins pensé à moi qu'à lui-même; qu'il avoit eu intention de se satisfaire; que, s'il falloit lui tenir compte de ce prétendu bienfait, je lui devrois aussi des actions de grâces pour les mets délicats qu'il s'est fait servir pendant sa vie, pour le champagne qu'il a bu, pour les menuets qu'il a bien voulu danser, en un mot, pour tous les plaisirs qu'il a pris —— qu'en m'élevant & me nourrissant, il m'avoit rendu ce que son Père lui avoit prêté ; qu'il n'avoit fait qu'acquitter une dette ——— que cet *amour paternel*, dont on parle tant, n'est que l'effet du sentiment de la *postéromanie*, ou de l'orgueil de commander, ou d'une crainte de l'ennui & du désœuvrement ——— que la mort d'un Père est, comme celle de tout autre Individu, une suite nécessaire de l'arrangement de l'Univers ——— qu'il est dans la nature & dans l'ordre, qu'un Père meûre avant ses enfans, & que chacun vive à son tour ——— que lorsqu'on a atteint sa soixantiéme année, on ne perd rien, en mourant, parce que l'affoiblissement des sens fait de la vie une espèce de mort ——— que j'étois dans un âge où l'on doit être livré à soi-même, & où, par conséquent, un Père n'est plus bon à rien ——— que je devois d'autant moins le pleurer, qu'il avoit empoisonné dix belles années de ma vie, avec les principes mélancoliques de son Christianisme ——— que, d'ailleurs, les regrets tourmentent les Vivans, sans ressusciter les morts ; & que leur poussière froide & insensible ne nous tient aucun compte de nos gémissemens

miſſemens & de nos larmes ! Douce *Philoſophie* ! C'eſt à tes ſages *Maximes* que je dois la jouïſſance des plaiſirs vrais, & l'exemption des chagrins factices ! Que ceux-là ſont ennemis d'eux-mêmes, qui refuſent de prêter l'oreille à tes divines leçons ! .... Non, Monſieur ! je vous le répète, le ſouvenir des obligations que je vous ai ne s'effacera jamais de mon ame !

Quant à ce qui a occaſionné la mort de mon Père, il n'y a que des Sots qui puiſſent m'en faire des reproches. N'ai-je pas été le maître de me conduire au gré de mes déſirs, du moment que j'ai ſçu raiſonner? N'a-t'on pas démontré, dans ce Siécle de lumières, que ce n'eſt que par une ſuite de la foibleſſe & de l'ignorance où naiſſent les enfans, qu'ils ſe trouvent naturellement aſſujettis à leurs parens, pendant quelques années? N'a-t'on pas démontré, qu'ils ne doivent demeurer ſous la tutelle paternelle, que juſques-à l'âge de raiſon, & qu'alors ils ſont hommes libres? N'a-t'on pas démontré, qu'ils ſont, dans cet âge, auſſi égaux à leurs pères & à leurs mères, par rapport à l'état de liberté, qu'un pupille devient égal à son tuteur après le temps de la minorité réglée par les Loix? Ne sont-ce pas là, aujourd'hui, des *Vérités* de la derniére évidence? Est-ce ma faute, si mon Père n'a pas eu l'organisation requise pour admettre des *Principes* aussi lumineux qu'utiles au Genre-humain?..... D'ailleurs, mourir, parce qu'un Fils a déserté la maison d'un imbécille! Oh vraiment, il y a bien là de quoi donner une fiévre ardente & des transports au cerveau! Que dis-je, Monsieur! Rien de plus heureux que ces transports! Mon Père a échappé, par-là, aux noires pensées des approches de la mort; hélas! le pauvre défunt n'étoit rien moins que *Philosophe.* Il n'a pas eu à essuyer les Jérémiades funéraires de ces malheureux Prêtres, qui harcellent encore, sur les bords du tombeau, ces mêmes hommes dont ils ont rendu la vie triste & misérable.

Un autre avantage, bien décidé, de ces transports, c'est qu'ils ont empêché mon Père d'être injuste, en ne lui permettant pas de changer son Testament, par lequel il me fait son héritier. Non! Jamais ce saint homme ne m'eût pardonné mon prétendu crime; car j'ai remarqué, que le ressentiment des *Dévots* est d'autant plus opiniâtre qu'il est à leurs yeux une vertu. Convenez, Monsieur, que jamais dérangement de cerveau ne fut plus heureux! Ainsi donc, tout bien pesé, & *philosophiquement* examiné, m'attrister de ce que m'annonce le cher Cousin, ce ne seroit pas seulement inutilité, ce seroit folie!

Je me gardai bien cependant de ne pas paroître affligé; en prenant les habits de deuil, je leur appropriai ma physionomie, mes gestes & ma contenance. Il est des usages auxquels il faut savoir s'assujettir, quelque ridicules qu'ils puissent être. En me soumettant à celui-ci, j'annonçois cette sensibilité dans le caractère, qui, aux yeux de certaines gens, est une qualité estimable. Il me convenoit de me faire cette sorte de réputation, surtout auprès de Mr. & de Madame *Hébert*; vous verrez que cela ne nuisoit point à mes vuës.

Il faut d'abord que je vous fasse le portrait de ces deux perſonnages. *Benjamin Hébert*, qui m'avoit reçu dans ſa maiſon (& dont à cet égard je vanterois la générosité, ſi la *Philoſophie* ne m'avoit pas appris à ne voir dans ce que le Vulgaire appelle *d'obligeans procédés*, qu'une affaire de tempérament & d'habitude) *Benjamin Hébert* peut avoir vingt-ſept ans ; ſa phyſionomie ſeroit agréable, ſi elle n'avoit pas la tournure de celle d'un *Dévot*, ſon abord eſt celui d'un homme qui veut du bien à tout le monde, & qui ne ſoupçonne pas que perſonne puiſſe lui vouloir du mal ; il eſt ſimple, uni, franc, naïf ; & le tout par pur inſtinct, car il eſt éternellement le même ; c'eſt ſon allure ordinaire, ſi je puis m'exprimer ainſi. Demandez-lui un ſervice, vous êtes ſûr de l'obtenir ; ſa marotte eſt de vouloir obliger. Faites-lui une injure, il vous la pardonne, ſoit parce que ſon ſang ne bouillonne jamais dans ſes veines, ſoit, peut-être, par pareſſe de ſe venger. Sottement prévenu, *que la Nature ne nous fait pas ce que nous ſommes*, il a pour celui qu'on appelle *homme-de-bien*, une eſtime qui tient de l'enthouſiaſme. Il ſe ruineroit en faveur de la *Vertu*, ou de ce qui en a l'apparence. Il eſt ſans ceſſe proſterné devant cette brillante chimère. Son Oracle éternel eſt une énorme *Bible*, reliée en maroquin, & conſtamment ſur ſa cheminée, où il lui a pratiqué une eſpèce de niche. Ses Actes de dévotion domeſtique, quoique très-honnètes, ne ſont ni ſi fréquens, ni ſi longs que ceux du terrible *Olban*. J'y aſſiſte de tems à autre: cela jette ſur mon caractère un vernis de piété, qui m'embellit merveilleuſement aux yeux de mes hôtes.

J'oubliois preſque de vous dire, que Mr. *Hébert* ne vit que pour ſa chère compagne. Je ne crois pas que la ſimple penſée d'une infidélité ſe ſoit jamais offerte à ſon eſprit; & je ſuis convaincu, que l'adultère paroît à ce bon Chrétien auſſi affreux que l'empoiſonnement & l'aſſaſſinat. Qu'il y a loin d'un tel homme à la *Philoſophie*!

Madame *Hébert* touche à ſa vingt-deuxième année. Le bel âge lorſqu'on en connoît la deſtination! Sa taille eſt grande, noble, aiſée; ſa phyſionomie douce & modeſte;

ſes grâces ſont naturelles, mais de ce naturel qui a beſoin de l'art, pour n'être pas un peu gauche; ſes yeux ſont vifs & brillans, quoiqu'animés par le ſeul amour conjugal; ſes ajuſtemens ſont ſans prétentions, comme toute ſa perſonne. Heureuſement pour elle, que quoiqu'elle pût être embellie, elle ne peut pas être déparée! La nature lui a donné tout l'eſprit de la femme du monde qui en a le plus; & l'éducation ne le lui a pas tellement ôté, qu'il ne jette ſouvent de brillantes étincelles. Quelle candeur! Quelle ingénuité! On peut toujours compter qu'elle a dans l'ame ce qu'elle a ſur les lèvres. Mais, Monſieur, quels principes gothiques! Quel contre-ſens dans ſa manière de penſer & de voir, ou plutôt, dans celle qu'on lui a donnée! Je ne crois pas qu'elle ſe ſoit encore écartée, d'une ſyllabe, de cette abſurde *Liturgie* qui lui fut lue à ſon mariage! Elle eſt toute entière à ce qu'on lui a dit être le *devoir d'une femme.* Son ſoin capital eſt de maintenir l'ordre dans ſa maiſon; de veiller ſur le travail des Domeſtiques; d'entretenir parmi eux la bonne intelligence; de les appeller aux actes de dévotion du soir & du matin; d'avoir toujours son fils à ses côtés, & de lui enseigner, elle-même, à lire; en un mot, de s'occuper de tous ces détails minucieux, qui feroient périr d'ennui une femme bien élevée. Elle fait ses priéres & ses lectures religieuses avec tant de bonne-foi, tant de sérénité, j'ai presque dit, tant de bonne-humeur, que je serois porté à croire qu'elle est heureuse, & que je passe souvent sur le dégoût d'entendre des absurdités, pour avoir le plaisir de contempler mon aimable *Dévote*. Je ne vous dis rien d'une *Cotterie*, où elle s'ensevelit, toute vivante, deux-fois par semaine, & qui est formée de trois ou quatre de ces Etres bien pieux, bien maussades, connus sous le nom de *braves femmes*, qui passent imbécillement leur vie à s'ennuyer avec leur Vertu, & qui appellent cela, *se respecter elles-mêmes*. Je me tais aussi sur les attentions de Madame *Hébert* pour son cher *Benjamin*, sur ses égards, ses complaisances, ses caresses; tout cela n'est bon, ni à voir, ni à décrire. Ah, Monſieur! Qu'une femme eſt déſeſpérante, quand elle a la ſottiſe de croire *évangéliquement*, que Dieu ne la créa belle que pour ſon Mari! Cette exclamation, qui m'échappe, vous annonce, & ce que m'a inſpiré Madame *Hébert*, & ce que je puis en attendre. Je ſuis effrayé du travail que je me prépare; j'ai cependant déja dreſſé mes batteries, & commencé mes attaques.

Après avoir lû la Lettre de mon Couſin, je fis dire à Mr. & à Madame *Hébert*, que je les priois de ſe rendre dans ma chambre, où je me préparai à les recevoir. Je m'aſſis ſur un fauteuil, dans l'attitude d'un homme profondément affligé. A l'arrivée de mes deux hôtes, je fis un effort pour me lever de mon ſiège, mais j'y retombai ſur le champ, dans la contenance d'un homme qui s'évanouït. Auſſitôt Mr. *Hébert* me ſoutient la tête; Madame *Hébert* tire de ſa poche un flacon d'eau de ſenteur, & m'en fait reſpirer dans ſa main. Je fus ſur le point de la dévorer cette main raviſſante, qui preſſoit innocemment mes lèvres; mais je me contentai de ne revenir de mon évanouïssement, que lorſque le flacon pouvoit être épuiſé. Je pouſſai alors un profond ſoupir, & je ſanglottai ces mots » Je n'ai plus de Père ! « Que n'aurois-je point payé un torrent de larmes ! Il me fut impoſſible d'en verſer une ſeule ; mais j'y ſuppléai ſi bien, par une totale inanition de paroles, par de profonds gémiſſemens, que Madame *Hébert* dit à ſon Mari : » Il eſt fâcheux qu'il ne » puiſſe pas ſe ſoulager en pleurant ! Quel » amour il avoit pour ſon Père ! «

Ces derniers mots hâtèrent le dénouëment de la Comédie, en m'apprenant que j'avois produit ſur les Spectateurs l'effet que j'avois déſiré. » Que je ſuis honteux de ma foibleſſe ! « m'écriai-je, comme me réveillant tout-à-coup. » Au lieu de me réſi» gner aux volontés de la Providence, je » me laiſſe aller à un abattement indigne » d'un Chrétien ; mais la Nature a ſes » droits ! « ajoutai-je en ſoupirant.

Mr. & Madame *Hébert* me dirent, la larme à l'œil, que j'avois raiſon de m'affliger ; qu'un Père eſt ce qu'on a de plus cher au monde; qu'il faudroit être dénaturé pour ne pas donner des larmes à sa mort; (je laissai échapper encore un gros soupir) que la sensibilité est la marque d'un excellent caractère (j'aurois bien gagé qu'ils le pensoient) mais qu'il falloit soumettre la Nature à la Foi. (Ici, représentez-vous une élévation des deux mains vers le Ciel, & l'extâse d'un contemplatif.) Ensuite, ils entamèrent tous les lieux-communs de leur Christianisme; c'étoit des voyes qui ne sont pas nos voyes; c'étoit les délices du Paradis, où ils transportoient, de plein-saut, mon très-cher Père; c'étoit la certitude de le rejoindre un jour &c. &c. Misérables Prêtres! Comme vous vous joués de la crédulité de ce pauvre Genre-humain!

Lorsqu'ils eurent épuisé leurs sublimes consolations, je crûs qu'ils penseroient à me laisser prendre une heure de repos; point du tout! Madame *Hébert* sort de la chambre; un instant après elle y rentre avec un Ecclésiastique, nommé *Sidnan*, qui, de temps-en-temps, nous *honoroit* de ses viſites ; c'eſt le terme dont ſe ſervoit ma chère Dévote.

Peignez-vous un homme court & rond, dont la tète forme près d'un tiers du total, & préſente un mol embonpoint, où ſe tracent trois mentons, bien détachés les uns des autres. De plus ; une vaſte bedaine, ſoutenuée par deux jambes bien épaiſſes & tant ſoit peu circonflèxes. Une mâchoire très-peu propre à aider le jeu d'une langue qui n'articule que péniblement les plus inſipides Apophtegmes. Point d'homme mieux taillé pour monter ſur des tréteaux & réjouïr la populace par ſa ſeule préſence ! Auſſi, quoique je l'euſſe déja vû deux ou trois-fois ; je fus preſque déconcerté, lorſqu'il parut. Quelle peine, ſurtout, à me contenir ; au moment où je ſentis mon viſage enfoncé dans le mol & vaſte embonpoint de ſa large face ! Car il crut qu'un embraſſement amical devoit être un Exorde préparatoire à ſes Condoléances religieuſes.

Après ce début, il me répéta ce dont Mr. & Madame *Hébert* m'avoient déja honnêtement fatigué ; il chamarra le tout de Sentences de l'Ancien & du Nouveau Teſtament échaffaudées les unes ſur les autres, & allant tant bien que mal à mon hiſtoire. Je fus aſſez heureux pour qu'il s'en préſentat auſſi quelques-unes à mon ſouvenir; je les couſus aux ſiennes, en leur adaptant les geſtes & le ton d'un homme qui en ſavoure toutes les ſaintes douceurs. Rien de ſi plaiſant que cette ſcène! Elle figureroit admirablement dans une Comédie.

Le dénouëment de celle que je jouois fut encore plus heureux que je ne l'avois eſpéré. Notre Eccléſiaſtique, touché, pénétré des ſentimens que je manifeſtois, laiſſa couler quelques larmes, qui ſe perdirent dans les replis de ſes mentons; il me fit eſſuyer encore une bordée de ſes trivialités religieuſes; il donna les plus grands éloges à ma piété; & il fit remarquer à Mr. & à Madame *Hébert*, la prodigieuſe efficacité des remèdes du Chriſtianiſme, pour rétablir le calme dans une ame agitée. Mes deux Hôtes applaudirent à la remarque; & je ne doute pas qu'ils ne ſe ſoient bien félicités de poſſéder, dans leur maiſon, un jeune homme d'un caractère si tendre, & d'une piété si exemplaire. Quant à moi, je me félicitai du rôle que j'avois joué, du succès de la piéce, & surtout du départ des Acteurs, qui me laissoient enfin respirer!

Oui, Monsieur, respirer! La présence de Madame *Hébert* me tenoit réellement oppressé! Je craignois, à chaque instant, de me trahir, en cédant aux transports qu'elle m'inspiroit. Combien son attendrissement sur mon état rendoit ses regards intéressans! Combien il ajoutoit à ses charmes!

Je suis, &c.

TROISIEME

TROISIEME LETTRE.

QUoiqu'il se soit écoulé près d'un mois, depuis ma dernière Lettre, j'en suis encore, Monsieur, aux premiéres attaques. De quelles chaines les Préjugés évangéliques peuvent garotter une femme ! De quels remparts ils entoûrent sa prétendue vertu ! Cependant, loin de perdre courage, la résistance m'en inspire !

Le lendemain de la scène dont je vous ai fait le récit, Mr. *Hébert* vint, de grand matin, dans ma chambre, impatient de savoir comment j'avois passé la nuit. Je lui dis, que mon sommeil avoit été fort troublé par les tristes pensées que faisoit naitre la perte d'un Père qui m'étoit infiniment cher. J'accompagnai ces derniers mots d'un soupir, qui parut sortir du fond de mes entrailles. Mr. *Hébert* reprit, d'un ton bien langoureux, quelques-uns de ces lieux communs dont j'avois été excédé le jour précédent. Il me remit ensuite un Livre du Docteur *Lucas*, dont la lecture devoit infailliblement, rétablir la tranquillité dans mon ame. Aprés l'avoir remercié de toutes ſes bontés, je lui dis que j'avois un grand beſoin de conſolations ; que j'eſpérois en trouver dans l'Ouvrage qu'il me remettoit, dont j'avois entendu faire les plus grands éloges ; & que je le priois de me conſerver ſon amitié, qui m'étoit plus précieuſe que jamais, après la perte que je venois de faire. Je joignis à cela un ſecond ſoupir, qui fit un effet merveilleux. *Hébert* me regarda avec attendriſſement, me ſerra affectueuſement la main, & ſe retira, ſans avoir la force de proférer une parole. Je vis, qu'au ſortir de ma chambre, il tiroit ſon mouchoir, pour eſſuïer, ſans doute, quelques larmes. La bonne pâte d'homme que cet honnête Chrétien ! Qu'on eſt heureux d'avoir affaire à gens de cette eſpèce !

Convaincu que Madame *Hébert* ne tarderoit pas à paroître, je me levai ; je m'aſſis auprés d'un pupitre, j'y póſai l'Ouvrage du Docteur *Lucas*, dont je copiai quelques *Maximes*, comme méritant une attention particulière ; je pris l'attitude d'un homme qui médite profondément ; &, après avoir entr'ouvert ma porte, j'attendis, dans cette contenance, Madame *Hébert*. Au moment où elle parut, j'élevai mes mains vers le Ciel, & je fis les geſtes d'un homme qui ſe ſoumet, en toute humilité, aux décrets de la Providence. Madame *Hébert* s'arrêta tout-à-coup, ſaiſie, ſans doute, d'un reſpect religieux, & comme ſi elle eut craint de troubler le Sacrifice que je paroiſſois offrir à ce Dieu, qu'elle s'imagine abaiſſer, du haut de ſon trône, ſes regards ſur cette terre & ſur ces Inſectes que l'on appelle des *Hommes*.

Aprés être reſté, pendant quelques momens, dans l'attitude où elle m'avoit trouvé, comme ſi je ne l'euſſe pas apperçuë ; „ Ah, Madame « lui dis-je, d'une voix preſque éteinte „ votre préſence m'eſt bien » néceſſaire, dans la pénible ſituation ..... » Je n'eus pas la force d'achever ; je portai mes deux mains ſur mon viſage, & je me panchai ſur la table, comme accablé de la plus profonde douleur » Eh, Monſieur « me dit Madame *Hébert* » vous étiez hier ſi raiſonnable,

» raiſonnable, ſi religieux, ſi Chrétien! » Rappellez-vous les excellentes réflexions » de Mr. *Sidman*. Je vois que vous avez » là l'Ouvrage du Docteur *Lucas*; il eſt » bien propre à adoucir les afflictions les » plus amères. «

» Je copiois « lui répondis-je par monoſyllabes » quelques-unes des Sentences » les plus adaptées à ma ſituation; mais, » Madame, quand la Nature parle, la Raiſon & la Religion ont bien de la peine » à ſe faire entendre! Un Père à qui l'on » doit tout!... « Encore ici un ſanglot me coupa la parole; &, ce qu'il y a de ſingulier, il fut preſque involontaire.

Soit effet de la compaſſion, ſoit défaut d'idées, Madame *Hébert* ſe tût auſſi pendant quelques momens. Il me ſembla qu'elle ſe diſoit à elle-même » L'excellent caractère! Que je ſerois heureuſe, ſi mon fils » pouvoit, un jour, lui reſſembler! « Je crûs, au moins, lire cela dans ſes regards, que je ſurprenois, comme à la dérobée, de crainte de ne pas paroître livré tout entier à ma douleur.

Madame *Hébert* rompit cette ſcène muëtte, en me demandant, ſi je ſouhaitois qu'elle me lût quelques pages du Docteur *Lucas*? Je lui répondis, que j'étois pénétré de toutes ſes bontés; que je ne lui donnerois pas la peine de lire, ſi je ne ſentois que je ſerois obligé de m'interrompre à chaque ligne. En conſéquence, elle prit le Livre, & entama le *Chapitre* où il eſt queſtion de *la mort des perſonnes qui nous ſont chères*. Je m'arrangeai, comme pour l'écouter, de manière que je pouvois la conſidérer de côté, tout à mon aiſe. Cette précaution fut ſuperfluë; elle étoit ſi occupée de ce qu'elle liſoit, que, lors même que je l'aurois regardée conſtamment en face, elle ne s'en ſeroit pas apperçuë. Quant-à moi, je laiſſois tranquillement bavarder l'excellent Docteur, pour dévorer des yeux ma belle liſeuſe, lorſque, s'arrêtant tout-à-coup » Ne trou» vez-vous pas « me dit-elle » que cette » derniere conſidération eſt bien propre à » adoucir les regrets que nous cauſe la » perte de nos parens & de nos amis? «

Je fus preſque déconcerté par cette queſtion, n'ayant pas entendu un ſeul mot, d'où je pûſſe conjecturer quelle étoit cette conſidération dont Madame *Hébert* étoit ſi frappée; mais ne riſquant rien d'applaudir, » Ah, Madame « lui dis-je » de telles pen- » ſées ſont le meilleur baume que l'on puiſſe » mettre ſur les playes du cœur! « » Mais, » me répondit-elle » eſt-il bien sûr » que l'on ſe reconnoîtra dans l'autre » monde? « Je compris, par-là, quelle étoit cette conſidération du *Docteur*, dont Madame *Hébert* étoit émerveillée, & je me hâtai de lui dire » Que je ſerois malheu- » reux, ſi la queſtion que vous me faites » n'étoit pas décidée! Quoi! Je pour- » rois être ſéparé pour toujours d'un Père » que je chériſſois plus que ma vie! Car, » Madame, ce ſeroit en être ſéparé que » de ne pas le reconnoître! Et de quel » bonheur pourrois-je jouïr dans le Ciel, » ſi je ne voiois pas que je le partage avec » cet objet de toute ma tendreſſe! « Ici, Madame *Hébert* ſuſpendit ſa lecture, pour me donner le tems de calmer l'agitation que ſa queſtion m'avoit cauſée; & je vis, à ſa contenance, qu'elle ſe reprochoit de me l'avoir propoſée.

Cependant, curieux de connoître la Rélation du Savant Docteur ſur ce qui ſe paſſe dans l'autre monde, je priai Madame *Hébert* de relire ſon dernier Paragraphe, & je vis, qu'il y parloit en voyageur bien inſtruit, qui, ayant vû, dans les Régions Céleſtes, la face rayonnante de pluſieurs Elus, pouvoit certifier qu'elle étoit préciſément la même qu'ils avoient eue ſur la terre, aux rayons près dont elle eſt illuminée. Quoiqu'indigné de l'audace de Mr. le *Docteur*, je vantai, de rechef, à ma Dévote, l'excellence de ſes conſolations; me réſervant à en rire avec elle, lorſque l'heureux moment de le faire ſeroit arrivé.

Elle me propoſa de continuer notre lecture, mais ſentant que j'avois de la peine à réprimer certains mouvemens qu'excitoit le tête-à-tête, je lui dis que, ſi elle le vouloit bien, nous renverrions la ſuite à un autre jour; que j'étois infiniment ſenſible à ſa complaiſance; que, dans mon affliction, j'avois le plus grand besoin des témoignages de l'amitié dont elle daignoit m'honorer; &, saisissant sa main, j'y appliquai mes lèvres, mais de manière à y laisser l'empreinte de la reconnoissance, plutôt que celle de l'amour; & il me parut, que j'avois si bien ménagé mon transport, que cette excellente femme ne fut qu'émuë, & point du tout offensée. Au-reste, Monsieur, mes bouillans désirs ne s'accommodent guères de cette marche lente, mesurée, philosophique; mais si je déployois toutes les voiles & si je forçois de rames, mon Vaisseau se briseroit contre l'écueil des préjugés, & je serois le plus honteux, comme le plus triste naufrage. La terrible chose qu'une femme qui croit à l'Evangile!

Au moyen de mes profonds soupirs, de mes pieuses lectures, & de mes réflexions édifiantes, il fut démontré, aux yeux de Mr. & de Madame *Hébert*, que j'étois un homme d'un caractère divin & d'une piété angélique. Lorsque je vis que ma réputation étoit si bien établie, je permis à ma douleur de se calmer insensiblement, mais de manière à persuader à mes hôtes, que c'étoit aux grands Principes de la Religion qu'étoit duë la tranquillité qu'ils voyoient renaître.

Le croiriez-vous, cependant, Monsieur? Comme je ne dois rien avoir de caché pour vous, je confesserai, à ma honte, que, de tems-en-tems, je me faisois une espèce de reproches du rôle que je jouois vis-à-vis de ces bonnes gens; mais je dirai aussi, à ma louange, que la *Philosophie* ne tardoit pas à dissiper ces ridicules remords, & à me faire rougir de ma sottise. » L'on » obéït toujours " me disoit-elle „ à son » *intérêt*; celui de Mr. & de Madame *Hébert* » se trouve dans ce qu'on appelle des *actes* » *d'honnêteté*; ils se soulagent en te soula- » geant; ils se font plaisir à eux-mêmes; » ou bien, c'est la vanité qui les fait agir, » l'espoir de la reconnoissance, ou tel au- » tre motif de ce genre, dont il seroit ab- » surde de leur tenir aucun compte. « —— Mais ils t'appellent leur *Ami*! me disois-je encore, dans ces momens où les préjugés ſe faiſoient entendre. La *Philoſophie* répondoit auſſitôt » *Aimer*, c'eſt avoir beſoin! » Nulle amitié ſans beſoin! Ce ſeroit un » effet ſans cauſe. Parmi les hommes, les » uns ont beſoin de plaiſir ou d'argent, » les autres, de crédit; ceux-ci, de con- » verſer, ceux-là, de confier leurs peines. » En conſéquence, il eſt des amis de plai- „ ſir, d'argent, d'intrigue, d'eſprit, & de „ malheur. Dans laquelle de ces claſſes que » tu mettes Mr. & Madame *Hébert*, leur » ſauras-tu quelque gré de ce qu'ayant » un beſoin ils tâchent de le ſatisfaire? « —— Mais tu cherches à ſéduire la femme d'autrui; à lui faire perdre l'eſtime & l'affection d'un Epoux duquel dépend ſa félicité journaliere! Ici, la *Philoſophie* me crioit encore „ Préjugés! Préjugés! „ Conventions arbitraires! Entrâves à la „ liberté naturelle! Joug abſurde & cruel » ſur les plaiſirs! " Cette même *Philoſophie* me montroit parmi ſes Diſciples, la tendreſſe conjugale regardée comme quelque choſe d'*ignoble* & du *mauvais ton*; les femmes & les maris, par d'honnêtes procédés, ſe facilitant des moyens de bonheur; &c. &c.

Outre la Prière domeſtique, qui ſe faiſoit avec une ſcrupuleuſe régularité, j'avois remarqué que, ſur les onze heures du matin, Madame *Hébert* ſe retiroit dans ſa chambre; & j'avois appris, qu'en ſon particulier elle liſoit un Chapitre de la *Bible*, ou quelques pages de *la Pratique des Vertus Chrétiennes*, Ouvrage que les Anglois, quelques-uns, au moins, diſent être tombé du Ciel, & dont ils prétendent qu'il n'y a pas un mot à retrancher. Je crus pouvoir tirer un grand parti de cette découverte. Pour cet effet, un jour que j'avois vû ma Dévote ſe nicher dans ſa Cellule, je frappai à ſa porte, & ayant eu la permiſſion d'entrer » Je me ſuis bien douté « lui dis-je » que vous étiez occupée de bonnes » choſes. Ces Livres m'annonçent que je » ne me ſuis pas trompé. N'y auroit-il » point d'indiſcrétion à vous demander de » faire cette lecture avec vous? On a tant » beſoin de s'affermir dans la pratique de » ſes devoirs! „

» Volontiers, Monſieur ; je ſerai charmée » de profiter de vos lumières ; voulez-vous » que nous commencions par un Chapitre » de *la Bible*, ou, de la *Pratique des Ver-* » *tus Chrétiennes ?* Je lis, alternativement, » ces deux Livres. «

» La *Bible*, Madame, la *Bible* ! C'eſt » l'Ouvrage du St. Eſprit ! Je le préfère à » tous les autres ; quelque-bons qu'ils puiſ- » ſent être, ils ne ſont, après-tout, que „ l'œuvre des hommes. Permettez que je » ſois votre Lecteur ; c'eſt la grâce que je » vous demande. « Elle me fut accordée.

Me voilà donc la Sainte-Bible à la main! L'ouvrant au hazard, je tombai ſur le Diſcours de *Jéſus* au Peuple qui l'avoit ſuivi ſur une Montagne. Je lûs gravement, lentement, ſacerdotalement, les pieux Aphoriſmes du Légiſlateur des Chrétiens ; répétant ceux dont Madame *Hébert* étoit frappéé ; développant, de mon mieux, ceux qui étoient exprimés d'une manière trop conciſe; non-ſeulement parce que je ne me ſouciois pas d'attaquer, d'abord, l'Evangile, du côté de ſa *Morale*, mais auſſi pour perſuader à ma Dévote, que j'étois un Chrétien éclairé, & qu'elle feroit trop heureufe de faire avec moi fes lectures, fi je voulois bien avoir cette complaifance.

Lorfque j'eus achevé de lire, j'aurois été embarraffé par une Queftion que me fit Madame *Hébert*, fi je ne m'étois pas rappellé ce que j'avois vû pratiquer dans un cas à-peu-près femblable. » Ne trouvez-vous » pas « me dit-elle „ que cette *Morale* de » Jéfus eft bien raifonnable, bien belle, » bien fublime; & qu'il feroit à fouhaiter, » qu'on ne s'écartat jamais des Loix qu'elle » prefcrit ? « Vous noterez, Monfieur, qu'en ce moment, fes yeux, plus brillans que jamais, me prèchoient une morale bien différente de celle dont elle me vantoit la beauté.

» Madame « lui répondis-je » nos Théo» logiens font fi convaincus de ce que » vous dites, que vous aurez remarqué, » qu'ils ne ceffent d'exalter la Morale de » l'Evangile; mais quand on voit les » mœurs de la plupart des Chrétiens, & » des Théologiens eux-mêmes... en véri-

» té... Madame... on... croiroit que ce » qu'a dit Jésus-Christ ne vaut pas mieux » que ce qu'ont enseigné les *Sénéque* & les » *Platon*... Je ne dis pas cependant.... » Connoissez-vous, Madame, les *Epitres de* » *Sénéque?* On en a une excellente Tra- » duction. Cet Auteur a certainement quel- » ques défauts; il se livre trop à son ima- » gination; il court aprés les jeux-de-mots, » les antithéses; son stile est trop décousu » & souvent obscur; mais, en vérité, » c'est, du-reste, un Ecrivain admirable! » J'ai lû cinq-à-six fois sa *Consolation à* » *Hélvie*. Il est bien fâcheux que l'on n'ait » plus son *Traité sur la Superstition*, & » d'autres Ouvrages, dont les Anciens nous » ont conservé quelques fragmens. «

A cette excursion sûr *Sénéque*, je joignis quelques remarques sur *Platon* & sur *Socrate*; je citai quelques-unes des plus belles Maximes de ces grands-hommes; je racontai quelques Anecdotes que les Historiens de leur Vie nous ont conservées. Au moyen de cela, ma Dévote perdit de vuë sa Question; &, comme je me levois, pour ne lui pas donner le temps de se la rappeller, » A demain « me dit-elle » n'oubliez pas » que vous êtes mon Lecteur. « Je sortis, en l'assurant que j'étois plus intéressé qu'elle à m'en souvenir; en riant de sa simplicité, & m'en promettant les suites les plus heureuses; quoiqu'un peu allarmé de sa profonde vénération pour la *Morale évangélique.*

Vous imaginez bien, Monsieur, que je fus très-exact à mon rendez-vous religieux. Pendant cinq-à-six jours je ne dis pas un mot à Madame *Hébert*, sur ce que nous lisions, qui ne fut conforme à sa manière de penser; je me contentai de sourciller, de temps-en-temps, sur quelques articles, désirant qu'elle en apperçut l'absurdité, sans être obligé moi-même de la lui faire, pour ainsi dire, toucher au doigt & à l'œil. Mais, Monsieur, sa prévention en faveur de l'Evangile étoit si forte, que j'aurois levé cent-fois les épaules, de la façon la plus marquée, qu'elle auroit continué à ne voir que des beautés, où je ne voiois que des sottises. Je résolus donc d'ha.

zarder quelques mots, à notre première lecture; & voici la marche que je crus devoir ſuivre.

Je me rappellai, qu'un jour j'avois été frappé du ſingulier rôle que les Evangéliſtes paroiſſent faire jouer à leur Maître, quand ils le repréſentent maudiſſant un *Figuier*, qui n'avoit point de figues, dans un temps *où ce n'en étoit pas la ſaiſon*. Quoique, depuis, j'euſſe été ſatisfait de la Réponſe que les Défenſeurs du Chriſtianiſme font à l'objection tirée de cet endroit-là, j'eſperai que Madame *Hébert* ne connoîtroit pas cette Réponſe, & qu'en lui liſant ce trait de la Vie de *Jéſus*, il feroit ſur elle l'impreſſion qu'il avoit d'abord fait ſur moi-même. Je cherchai quel étoit l'Evangéliſte qui avoit rapporté cette anecdote, afin de faire tomber notre lecture ſur le *Chapitre* où elle eſt contenuë. Impatient de voir le ſuccès de cette première attaque, j'allai au rendez-vous plutôt qu'à l'ordinaire, feignant d'ignorer l'heure qu'il étoit; j'entamai une converſation, pendant laquelle je feuilletai, comme machinalement, la *Bible*; & ayant trouvé le *Chapitre* en queſtion, je refermai le Livre; puis l'ouvrant tout-à-coup, comme au hazard, je propoſai à Madame *Hébert* de commencer notre lecture.

Lorſque j'en fus à ces mots, *Car ce n'étoit pas la ſaiſon des figues*, je les lûs fort lentement, & d'un ton à les faire remarquer; mais ce fut envain; ma chère Dévote gardoit un profond ſilence. Sa foi eſt ſi pure, ſi robuſte, ou plutôt, ſi accommodante, qu'en feignant de lire dans la *Bible*, je parierois de lui faire ſavourer les abſurdités les plus monſtrueuſes! Elle écoute très-attentivement, mais elle n'examine rien; ſoit pour s'épargner la fatigue d'un examen; ſoit parce que ſes idées ſur la Religion ſont pour elle, comme pour le grand nombre des hommes, d'une eſpèce reſpectable; ſoit, peut-être, parce qu'elle craint de ſe ſurprendre dans l'erreur. Combien de Chrétiens ſe font un mérite de ne pas mettre en doute qu'ils puiſſent ſe tromper, & écartent, par-là même, ſoigneuſement, tout ce qui a l'apparence d'attaquer les Opinions qu'ils ont adoptées ! Ces Opinions résident dans un recoin de leur Cerveau, comme dans un Sanctuaire, dont ils n'ôsent approcher ! Passez-moi cet épisode ; je reviens à mes *Figues*.

Je m'arrêtai, en faisant un mouvement de surprise ; je détournai les yeux de-dessus la *Bible* ; &, après avoir pris, un instant, la contenance d'un homme qui réfléchit, je me mis, tout-à-coup, à lire une seconde fois, & du ton de l'étonnement, la phrâse que je voulois faire observer à Madame *Hébert*. Vains efforts ! » Qu'est-» ce donc qui vous arrête ? « me dit-elle » Il semble qu'il y a là quelque » chose que vous avez de la peine à com» prendre. «

» Oui, Madame ; j'avois souvent lû » ce trait de l'Histoire de *Jésus-Christ*, » mais je n'avois jamais fait attention à » ces mots, *Car ce n'étoit pas la saison des* » *figues*. «

» Et qu'y a-t-il là qui puisse tant vous » surprendre ? «

» Il me semble que ce Figuier ne de-

» voit pas être maudit, puiſqu'il ne pou-
„ voit pas porter des figues, dans un
» temps où ce n'en étoit pas la ſaiſon.
» Que penſeriez-vous de quelqu'un qui,
„ au milieu de l'hyver, maudiroit un pom-
„ mier, parce qu'il n'y trouveroit pas des
„ pommes? "

Il n'eſt pas poſſible de vous peindre la ſtupéfaction qu'exprima Madame *Hébert*, par deux grands yeux largement ouverts, fixés immobilement ſur la Bible, qu'elle ſaiſit tout-à-coup, afin de voir, par elle-même, ſi je ne m'étois point trompé. „ Oui,
» en vérité " me dit-elle, en s'arrêtant ſur chaque mot „ *Car* .. *ce* . *n'é-*
„ *toit pas* ... *la ſaiſon des figues* .... *Ce*
„ *n'étoit pas* ... Il y a là quelque choſe
„ de louche .... *Ce n'étoit pas* ...... Je
„ conſulterai Mr. *Sidman*; &, demain, je
„ vous ferai part de ſa réponſe. "

Quoique je me fuſſe bien paſſé de cette conſultation, je crus cependant devoir dire à Madame *Hébert*, qu'elle me feroit un très-grand plaiſir, parce que j'étois tourmenté, dès-qu'il s'élevoit dans mon eſprit des dou-tes

tes ſur l'important ſujet de la Religion. J'ajoutai que Mr. *Sidman* étoit un très-habile homme, & que j'eſpérois que ſon Commentaire ſeroit auſſi ſatisfaiſant que ſes conſolations avoient été efficaces.

Vous vous rappellez, Monſieur, que ce *Sidman*, qui doit être conſulté, eſt l'Eccléſiaſtique au triple menton, dont je vous ai parlé dans ma dernière Lettre. Je ne puis m'empècher de gémir, ici, ſur la pauvre Dame *Hébert*! Pourquoi ne pas s'en tenir à ſa propre Raiſon, ſans recourir à celle d'autrui, lorſqu'il eſt queſtion d'abſurdités auſſi palpables que celle que croit voir, dans l'Evangile, ma chère Dévote? N'eſt-il pas plus clair que le jour, que l'objection qui en réſulte contre le Chriſtianiſme devroit lui paroitre triomphante; & que toutes les *Preuves* qu'elle peut connoitre, en ſa faveur, devroient s'évanouïr devant une difficulté de ce genre? Ne faut-il pas avoir abjuré le Sens-commun, pour ne pas ſe dire à ſoi-même, qu'une Doctrine ne ſauroit être *bonne*, encore moins *divine*, lorſque l'on croit que celui qui l'a annoncée, a été capable de maudir un *Figuier*, parce qu'il n'avoit pas des figues, dans un temps où il ne pouvoit pas en avoir? Imbécillité humaine!..... Mais je m'apperçois qu'il eſt temps de finir ma Lettre. Je vous informerai, le plutôt poſſible, de la ſuite de mes Opérations.

Je ſuis, &c.

QUATRIEME

QUATRIEME LETTRE.

L'Abſence d'*Hébert*, que les intérêts de ſon commerce ont néceſſité à faire un voyage en Italie, ne peut, Monſieur, que favoriſer mes projets ſur Madame *Hébert*. L'affliction de ce tendre Couple, lorſqu'il fallut ſe ſéparer, eſt inexprimable. C'étoient des ſoupirs, des larmes, des embraſſemens, & toutes les autres petiteſſes de ces gens du mauvais ton, qui s'imaginent, ſottement, que perſonne au monde ne peut remplacer une femme ou un mari.

Vous comprenez, Monſieur, que j'eus ma bonne part de toutes ces condoléances affectueuſes. Il me fallut eſſuyer les lamentables adieux d'*Hébert*, qui ne ceſſa de me répéter, la larme à l'œil, qu'il me regardoit comme ſon meilleur ami, & qu'il ſeroit inconſolable, s'il ne me laiſſoit pas auprès de ſa chère femme. Je l'aſſurai qu'il ne pouvoit la remettre à perſonne qui déſirat plus que moi de lui faire ſupporter patiemment ſon abſence; que je ſerois auprès d'elle le plus aſſidument qu'il me ſeroit poſſible ; en un mot, qu'il pouvoit compter ſur ce que m'inſpireroit la reconnoiſſance la plus vive & l'amitié la plus ſincère.

Je me propoſe, en effet, de lui rendre ſa femme cent-fois plus aimable qu'il ne l'a laiſſée ; non pas à ſa façon, qui eſt ridicule, mais à la mienne, qui eſt la bonne. Après cette œuvre méritoire, je travaillerai auſſi à la converſion du pauvre *Hébert*. Il a un certain gros bon-ſens, que j'eſſayerai de débrouiller ; il croit être heureux, je veux lui apprendre à l'être réellement. Si l'ouvrage n'eſt pas facile, le ſuccès ſera d'autant plus glorieux. Vous voyez, Monſieur, que je ne ſuis pas un Diſciple tiède, mais un zélé Proſélite, qui veut rendre aux autres le bien que vous lui avez fait, & dont vous aurez tout l'honneur, puiſque vous en ſerez la première ſource. Combien un ſeul *Philoſophe* peut être utile au genre-humain !

Les préparatifs du voyage d'*Hébert* avoient interrompu les lectures que je faiſois avec

Madame *Hébert*. Dès-le lendemain du départ, elle alla chez Mr. *Sidman*, & verſa dans ſon ſein ſacerdotal ſes religieuſes inquiétudes ſur l'affaire du *Figuier*. „ Et bien “ me dit-elle, en me voyant entrer dans ſa Chambre, à l'heure du rendez-vous „ j'ai „ conſulté l'Oracle. C'eſt un prodige que „ notre Docteur *Sidman*! Il n'a pas beſoin „ de recourir à des Livres; toute la Bi- „ ble eſt dans ſa tête! “

Je feignis de ne pas la comprendre, afin d'écarter d'autant mieux de ſon eſprit tout ſoupçon de deſſein dans ma remarque ſur notre dernière lecture. On ne ſauroit trop uſer de prudence avec les gens de l'eſpèce de ma Dévote. „ Quoi, Mon- „ ſieur “ me dit-elle „ vous avez oublié „ la ſollicitude que nous cauſèrent ces „ mots, *Car ce n'étoit pas la ſaiſon des Fi-* „ *gues?* “

„ Pardon, Madame; j'ai tellement été „ occupé du départ de notre cher *Hébert*, „ que je n'ai pas penſé à autre choſe. “ Ici, la tendre *Hébert* plaça un ſoupir, laiſſa échapper une larme; puis, reprenant la

parole, elle me prononça, très-férieufement, d'après l'Oracle „ que l'affaire du Figuier
„ s'étoit paffée au Printems ; que dans la
„ Judée, on pouvoit trouver des figues
„ dans cette faifon ; mais que la vraie
„ faifon étoit au mois de Juin ; qu'il y
„ avoit d'ailleurs, deux fortes de Figuiers,
„ des précoces & des tardifs... " Bref; elle me fit un galimathias, auquel je vis qu'elle ne comprenoit pas plus que moi, mais dont elle s'étoit perfuadée qu'elle avoit lieu d'être très-contente. De mon côté, je crus devoir paroître fatisfait de ces ténébreux éclairciffemens. J'avois craint que *Sidman* ne lui eut dit, que les Juifs appelloient la *Saifon des Figues*, le tems où l'on les cueilloit ; comme ils appelloient la *Saifon des Bleds*, le tems où l'on les moiffonnoit ; en forte que le Figuier en queftion devoit avoir des figues, puifqu'elles n'avoient pas encore été cueillies. Je fus bien charmé de voir que cette Réponfe n'étoit pas connue à l'Ami *Sidman*, quoique les Avocats de l'Evangile l'aient fouvent répetée.

Je m'étois flatté que ma remarque ſur le *Figuier* auroit donné lieu à Madame *Hébert* d'examiner un peu plus attentivement ce que nous liſions, & je me ſervois de tous les moyens que je pouvois imaginer, pour faire naître dans ſon eſprit des difficultés, afin de n'être pas obligé de lui en propoſer moi-même. J'avois ſoin de bien choiſir mes *Chapîtres* ; j'appuiois ſur certains endroits ; je m'arrêtois, un inſtant, ſur d'autres ; j'allois même juſqu'à prendre, quelquefois, un air d'inquiétude & de découragement ; ma Dévote n'entendoit rien, ne voyoit rien, ne produiſoit rien ! Combien de fois je fus ſur le point de perdre patience ! Ah ſi elle eût été moins belle ! Mais, le croirez-vous, Monſieur ? Son inaltérable crédulité répandoit ſur tous ſes traits un certain air de candeur & d'ingénuité qui lui prêtoit de nouveaux charmes !

Juſques-à ce moment, je n'avois fait, pour-ainſi-dire, qu'eſcarmoucher avec le Préjugés évangéliques de Madame *Hébert* ;

je me déterminai, enfin, à leur livrer un aſſaut dans toutes les formes.

Vous connoiſſez, Monſieur, les *Diſcours* de *Woolſton ſur les Miracles de Jéſus-Chriſt.* Vous ſavez comment cet Auteur attaque adroitement ces Miracles, en feignant de n'y voir que des *Allégories.* Je poſai cet Ouvrage ſur la cheminée de ma chambre, & j'allai au rendez-vous accoutumé. Avant que d'entamer notre ſainte Lecture, je crûs convenable de mettre en belle-humeur ma Dévote ; je lui racontai deux ou trois Anecdotes boufonnes, que j'avois préparées ; j'amenai, tant bien que mal, le récit de deux ou trois Miracles, honnêtement abſurdes, tirés de la *Légende*, & qui ont quelque rapport avec ceux qui ſe trouvent dans le *Chapitre* que je voulois lire ; je fis quelques réflexions ſur l'avidité de l'homme pour le merveilleux, & ſur l'étonnante facilité avec laquelle il a, de tout temps, ajouté foi aux inſpirations & aux miracles ; je parlai des Oracles du Paganiſme, des prodiges de *Mahomet*, de ceux de l'Abbé *Paris* ; je fis gémir Madame *Hébert* ſur la crédulité humaine; puis, prenant la *Sainte-Bible*, je l'ouvris, par un hazard que j'avois un peu acheminé, au *Chapitre* où il eſt queſtion des *Noces de Cana.*

Lorſque j'eus fini l'hiſtoire de ces Noces, je laiſſai tomber la Bible, comme ſi les forces m'euſſent manquées tout-à-coup, & je dis à Madame *Hébert*, qu'il m'étoit impoſſible d'achever ce Chapitre; qu'il s'élevoit dans mon eſprit des doutes que je n'étois pas le maître de repouſſer; que je la priois de ne pas exiger que je lui en fiſſe part; & que je me voyois forcé de renoncer à une lecture, qui me devenoit, tous les jours, plus pénible, quelque plaiſir que j'euſſe à la faire avec elle.

Sa curioſité fut piquée, comme je l'avois prévu. » Qu'eſt-ce donc? « me dit-elle, „ Qu'y a-t-il dans ce que vous venez „ de me lire, qui ait pû ſi prodigieuſe-„ ment vous choquer? En me cachant vos „ doutes, vous augmenteriez mes inquié-„ tudes. De grâce, ne me taiſez rien de » ce que vous avez ſur le cœur! «

Je fis d'abord l'inéxorable ; mais, enfin, je me rendis à ſes vives inſtances, ou plutôt, à ſes ſupplications réïtérées. J'étois ſon *bon ami*, ſon *cher Monſieur* ; comment réſiſter à des expreſſions ſi touchantes ? » Et » bien, Madame « lui dis-je » puiſque vous » l'exigez, je parlerai, quoique j'euſſe fer- » mement réſolu de me taire. Dans nos » dernières lectures, quel mal-aiſe n'ai-je » point éprouvé ! Combien de mouvemens » de dépit n'ai-je point étouffé ! Je crai- » gnois, à chaque inſtant, que vous ne » viſſiez l'état violent où je me trouvois ! » Mais, aujourd'hui, j'ai, malheureuſement, » rencontré un endroit ſi révoltant, que le » Livre m'eſt tombé des mains, malgré » moi-même. Comment ſe perſuader, qu'un » homme auſſi grâve, auſſi auſtère que » l'on nous repréſente Jéſus-Chriſt, ait été » à des Noces, ſurtout à des Noces de » petites-gens, où il ſe paſſe tant de » choſes qui n'auroient pû que bleſſer » la pureté de ſes regards & la chaſteté » de ſes oreilles ? Comment ſe perſuader, » qu'il eût converti l'eau en vin, au mo-

„ ment où les gens de la noce n'avoient, „ ſans doute, déja que trop bû? Comment „ ſe perſuader, qu'il eût fait à ſa Mère „ une réponſe auſſi ſéche que celle que „ l'on met dans ſa bouche? Non, Madame! Il n'eſt pas poſſible de digérer de „ pareils récits; j'aimerois autant croire, „ avec le ſtupide Muſulman, que *Mahomet* „ mit, un ſoir, la Lune dans ſa manche. „ Je ne ſuis point ſurpris, que des payſans, „ pour excuſer, aux yeux d'un Prêtre, quelques excès de débauche, lui aient cité „ les *Noces de Cana*; & je le ſuis moins „ encore, que le Prêtre leur ait répondu, „ que *ce n'étoit pas ce que Jéſus-Chriſt avoit* „ *fait de mieux.* «

Cette plaiſanterie dérida le front de Madame *Hébert*, qui m'avoit paru auſſi chagrine qu'étonnée des obſervations que je lui faiſois faire. „ Je ne puis m'empêcher » de rire " me dit-elle » de la naïveté » de ce Prêtre. « Puis, prenant un air plus ſérieux » Quant à vos Objections, » j'avoue qu'elles me frappent; mais j'eſpére" que Mr. *Sidman* y fera une réponſe

„ auſſi ſatisfaiſante que celle que vous vous
„ rappellez ſans doute, qu'il me fit à
„ l'occaſion du *Figuier*. «

„ Oui, Madame, je me la rappelle;
„ mais je ne dois pas vous cacher, qu'en
„ examinant de plus-près cette réponſe, elle
„ ne m'a paru qu'un ſubterfuge; & je ſuis
„ ſûr que, ſi vous voulez y faire attention,
„ vous la trouverez très-inſuffiſante. "

Madame *Hébert* ayant eſſayé, mais envain, de me la développer, je la fis convenir, que ſi nous avions d'abord été contens de cette réponſe, c'eſt que nous avions bien plus déſiré qu'elle fût bonne, que nous n'avions trouvé qu'elle l'étoit réellement.

Je ſaiſis cette occaſion de lui dire que, depuis quelque tems, j'avois eu lieu de me défier des Gens-d'Egliſe; qu'ils m'avoient paru plus ſubtils que vrais, plus adroits à détourner les queſtions qu'à les réſoudre; &, qu'en général, je penſois que, puiſque la Raiſon eſt un préſent du Ciel, il faut conſulter celle que nous en avons reçuë, ſans tant recourir à celle des autres. » Mais à-propos « ajoutai-je tout-à-coup » je me rappelle qu'il y a trois ou » quatre jours qu'un Ami à qui, par hazard, je communiquois quelques doutes, » me fit acheter des *Discours sur les Miracles de J. C.* (il me semble, au-moins, » que c'est là le titre du Livre) m'assurant que personne n'avoit parlé, sur ce » sujet, avec autant de bonne-foi que l'Auteur de cet Ouvrage. Je n'ai pas encore » eu le temps de l'examiner; faites-le prendre » par un Domestique sur la cheminée de » ma chambre, où j'ai quelque idée de » l'avoir posé; nous y trouverons peut-être quelques réflexions sur les *Noces* » *de Cana.* «

Madame *Hébert* donna ses ordres. Un moment après, le Domestique parut, le Livre à la main. J'avois eu soin de me procurer un Exemplaire qui ne fût point coupé, afin que ma Dévote ne pût pas soupçonner que j'eusse la moindre connoissance de cet Ouvrage. Elle s'en empara d'abord, & ayant ouvert la *Table dés Matières*, elle y lut, *Les Noces de Cana.*

» Voilà « me dit-elle » précifément, notre » affaire ! Voyons fi . . . . . « —— » Oh, » donnez, je vous prie, « lui dis-je, en prenant le Livre » je fuis bien impatient de » voir ce que l'Auteur a écrit fur ce fu- » jet. Je ferois fort étonné, s'il ne faifoit » aucune des difficultés que je vous ai pro- » pofées. «

Nous en étions là, lorfqu'on annonça Mr. *Sidman*, qui parut avant qu'on eut pu lui dire, fi l'on vouloit le recevoir. Je n'eus que le temps de ferrer mon Livre dans ma poche, & de mettre le doigt fur ma bouche, pour inviter Madame *Hé-bert* à garder le filence fur le fujet dont nous étions occupés. Je lus, avec plaifir, fur fon vifage, qu'elle fe feroit bien paffée de la vifite du *Docteur*, quelque profonde qu'eût été, jufques-alors la vénération dont il l'avoit pénétrée. De crainte, cependant, qu'elle n'eût pas compris le figne que je lui avois fait, je mis d'abord la converfa-fion fur ce qu'on avoit appris de l'*Améri-que*; j'écoutai les lentes & plattes conjec-tures de Mr. *Sidman*; je précipitai les miennes, de ce ton qui dit aux gens » Voilà » tout ce que j'ai à vous dire; débarrafſ» ſez-moi de votre préſence. «

Je parlois à un ſourd. Ces Gens-d'Egliſe ſont d'une prodigieuſe ténacité! Ne fallût-il pas que l'éternel *Sidman* eût paſſé deux années dans la *Nouvelle Angleterre*! Il en eut pour une mortelle demi-heure à pérorer ſur la ſeule Ville de *Boſton*, ſur la beauté de ſes Edifices, ſur les trois-cents Vaiſſeaux qui, chaque année, ſortent de ſon Port, &c. &c. & il parleroit vraiſemblablement encore, ſi l'on n'étoit pas venu nous dire, qu'on avoit ſervi. Il fit alors un mouvement de retraite; & je fus bien content de ce que Madame *Hébert*, en lui faiſant une révérence à la glace, lui propoſoit de dîner avec nous, d'une manière ſi peu invitante, qu'autant valoit lui dire, qu'elle le prioit de ſe retirer. Il comprit, ſans doute, la valeur du compliment, & il agit en conſéquence.

Le voilà donc parti ce terrible Monſieur *Sidman*! „ Je ne vous tiens pas quitte " me dit Madame *Hébert* » j'eſpère que, d'abord après le

„ dîné, nous ferons la lecture que nous » allions commencer, au moment où Mr. » *Sidman* nous a honorés de sa visite. « Elle se tourna pour sourire. Je lui répondis, que quoique j'eusse promis de me rendre au Café de *Toms*, au sortir de table, je n'avois rien à lui refuser; que, d'ailleurs, je n'étois pas moins curieux qu'elle du *Discours sur les Noces de Cana*; que je n'étois pas assez présomptueux pour croire que ma façon de penser fût sans appel; & que j'étois prêt à rectifier mes idées sur celles d'un Ecrivain, dont des gens éclairés m'avoient faits les plus grands éloges.

Je tirai un fort bon augure de la manière dont Madame *Hébert* avoit reçu notre Ami *Sidman*, & de sa vive impatience de lire les *Discours*. Je croiois voir déja se détacher la lourde chaîne des préjugés; je m'applaudissois de mes succès; & l'idée de mon triomphe donnoit un tel jeu à mes esprits-animaux, que je ne cessai, pendant tout le repas, de plaisanter & de rire. Pour la première fois, il ne fut point question

question du cher Mr. *Hébert*, dont Madame n'avoit que trop ſouvent ramené l'idée.

A-peine avions-nous entamé le deſſert, que me prenant par la main » Allons, Monſieur, « me dit-elle » je ne puis plus » modérer mon impatience ; je vous ferois » des excuſes, ſi ce n'étoit pas pour vous mener » à des Noces. « Bon ! dis-je en moi-même, une plaiſanterie ! J'y répondis par deux ou trois autres, afin que nous fuſſions montés ſur un ton qui s'amalgamoit très-bien avec celui de l'*Ouvrage* dont nous allions faire la lecture.

J'avois craint que Madame *Hébert*, frappée de la reſſemblance de mes Objections avec celles de l'Auteur *des Diſcours*, ne ſoupçonnat qu'il me les avoit fournies ; mais je fus bientôt raſſuré „ En vérité « me dit-elle, lorſque je n'avois encore lû que quelques pages » il eſt étrange que ces » raiſonnemens ne ſe fuſſent pas préſentés » à mon eſprit ; cela eſt clair comme le » jour ! Il me ſemble, à préſent, qu'il » ſuffiſoit d'avoir le ſens-commun, pour » penſer comme cét Auteur ! Je ſuis bien

» honteuse qu'il ait fallu qu'on me fit re» marquer ce qui est d'une évidence à frap» per les plus imbécilles ! Oh, il faut ab» solument que je sache ce que Mr. *Sidman* » aura à répondre ! C'est bien autre chose » que l'affaire du *Figuier* ! Continués, je » vous prie. «

» C'est ce que je vais faire; mais per» mettez-moi de vous dire, Madame, » que votre décision me paroît un peu » précipitée. Que savons-nous, si, com» me il arrive souvent, l'Auteur ne re» viendra point sur ses pas, si la suite de » son Discours ne sera point le correctif » de ce que nous venons de lire. «

Après cette petite Note, qui avoit son utilité, je ne fus plus interrompu par Madame *Hébert*, chez qui j'appercevois cependant, du coin de l'œil, des mouvemens d'impatience & une démangeaison de parler, qui, assurément ne me faisoient pas de la peine. Au moment où j'eus achevé de lire » Et bien, Monsieur « me dit-elle, du ton d'une personne piquée » comment » trouvez-vous ce correctif? Ma décision

» étoit-elle un peu précipitée? Vous pa-
» roît-il que l'Auteur ſoit revenu ſur
» ſes pas? «

Je baiſſai humblement la tête, & je dis à Madame *Hébert*, que je lui devois une réparation dans toutes les formes; que tout ce que nous venions de lire étoit la lumière même; que j'étois honteux de n'avoir bégayé que des miſères, en comparaiſon des difficultés que l'Auteur des *Diſcours* avoit ſi bien développées; & que je défiois tous les *Sidman* paſſés, préſens & à venir, de répondre, d'une manière tant ſoit peu plauſible, à des raiſonnemens de cette force. » Oh, je vous le répéte « me dit Madame *Hébert*, avec vivacité » il faut
» que je ferme la bouche à mon *Doc-*
» *teur*! Je ſuis auſſi impatiente de le voir
» paroître, que je l'étois, ce matin, d'en
» être délivrée. Voulez-vous que je le faſſe
» prier de venir, dans ce moment même?
» Vous jouirez de ſa confuſion. «

J'étois fort éloigné d'acquieſcer à cette demande; non que je fiſſe l'honneur à l'épais *Sidman* de le croire capable d'une bonne réponſe, mais je tremblois qu'il ne connût la *Réfutation des Diſcours de Woolſton* par l'Evêque *Smalbrock*, & qu'il ne la mit entre les mains de Madame *Hébert*. Cette *Réfutation* eſt ſi poignante, qu'en vérité, il faut bien ſe tenir ſur ſes gardes, j'ai preſque dit, qu'il faut être un Philoſophe conſommé, pour n'être pas la dupe de ce redoutable Théologien. Vous ne ſauriez croire, Monſieur, à quel point ſon *Ouvrage* a nui, dans ce pays, à notre Cauſe! Je ne comprens pas pourquoi quelqu'un de nos grands Ecrivains n'y a pas encore fait de *Réponſe.* Voyez, en particulier, Monſieur, comment cet Evêque répond aux Objections de *Woolſton* ſur les *Noces de Cana*, en remarquant ——— que Jéſus n'étoit, ni ne devoit être, inſociable, ennemi des Uſages & des plaiſirs innocens ——— que chez les Juifs, dans les Fêtes à l'occaſion des *Noces*, il ne ſe paſſoit rien qui bleſſât les loix de la tempérance & de la pudeur; qu'ils avoient des *Intendans de ces Fêtes*, qui ne permettoient pas que l'on ſortit des bornes de la décence &

d'une ſage retenue; &c. &c. Et vous ſentirez, Monſieur, combien étoit fondée ma crainte, que l'Ouvrage de cet Eccléſiaſtique ne tombât entre les mains d'une femme encore novice dans des matières de ce genre.

Je dis donc à Madame *Hébert*, que Mr. *Sidman* m'avoit paru un bon-homme; que je ne croyois pas qu'elle eût aucune raiſon de lui faire de la peine; qu'en défendant, de ſon mieux, l'Evangile, il faiſoit ſon métier; qu'il étoit payé pour cela; qu'il falloit avoir quelque condeſcendance pour ſa robe; & que nous pourrions employer, d'une manière plus utile & plus agréable, le temps que nous mettrions à diſputer avec un Croyant mercenaire, qui, par état, eſt obligé de réſiſter à l'évidence. Concluſion; il fut arrêté que Mr. *Sidman* reſteroit chez lui, & que, s'il lui prenoit fantaiſie de faire, de lui-même, une viſite, il ne ſeroit point inquiété ſur les *Noces de Cana*.

Tranquille ſur cet article, qui n'étoit pas indifférent, je dis à Madame *Hébert*, qu'il conviendroit peut-être, que nous lûssions, une seconde-fois, le *Discours sur les Noces*; que, dans une première lecture, la nouveauté des idées pouvoit éblouir; & que l'importance du sujet demandoit l'attention la plus scrupuleuse. Vous comprenez, Monsieur, le but de cette proposition. Elle fut acceptée; & il en résulta l'effet que j'avois désiré. Madame *Hébert* me dit, d'une voix tant soit peu aigre » J'espère, » Monsieur, que vous ne me proposerez » pas une troisième lecture, à-moins que » que vous n'ayez une très-petite opinion » de mon intelligence? «

» Non, assurément, Madame! C'étoit bien » moins de votre intelligence que je me » défiois, que de la mienne. Mon respect » pour l'*Evangile* avoit toujours été si pro» fond, ou plutôt, si superstitieux, que » je suis encore, malgré moi, d'une dé» licatesse excessive sur tout ce qui me » paroît y porter atteinte! Mais j'avoue » qu'après ce que nous venons de lire, » il ne me reste qu'un mouvement d'in-

» dignation contre ceux qui m'inſpirèrent » ce reſpect, dans mon enfance. «

Je plaçai, en cet endroit, quelques lamentations ſur les *Préjugés* ; ſur la force qu'ils acquièrent par le temps ; ſur la réſiſtance que l'on trouve, au dedans de ſoi, à les ſecouer, lors même que l'on en découvre toute l'abſurdité. Je gliſſai, rapidement, un mot ſur les entrâves que les Opinions de l'enfance mettent à notre liberté & à nos penchans les plus naturels. Je finis par l'éloge de ces ames grandes & fortes, ſur qui les préjugés n'ont plus eu de priſe, du moment qu'elles les ont apperçu ; & qui ſont aſſez généreuſes, aſſez amies de l'humanité, pour attaquer de front les Opinions les plus généralement reçuës, au riſque des perſécutions que les imbécilles & les fourbes ne leur ont que trop ſouvent ſuſcitées.

Je ne dirai plus déſormais, la *Dévote*, mais, la *Sage Hébert* applaudit à tout, & me ſupplia de vouloir bien lire avec elle, en entier, l'excellent *Ouvrage* qui ouvroit ſes yeux à la lumière. Je lui répondis, que c'étoit à moi à lui faire cette demande ; que les préjugés n'avoient pas ſur ſon ame l'empire qu'ils avoient ſur la mienne ; & que, pour m'aſſurer qu'elle ne feroit pas, ſeule, la lecture des autres *Diſcours*, je la priois d'enfermer le Livre dans une Armoire, dont elle me donneroit la clef. C'eſt ce qu'elle fit au moment même. Je crus devoir prendre cette petite précaution, dans la crainte que *Sidman*, ou quelqu'un de ſon eſpèce, trouvant cet Ouvrage entre les mains de Madame *Hébert*, ne mit des obſtacles à une converſion ſi heureuſement commencée.

Je ſuis &c.

CINQUIEME

CINQUIEME LETTRE.

S'Il vous en ſouvient, Monſieur, je liſois à Madame *Hébert* les *Diſcours de Woolſton ſur les Miracles de Jéſus-Chriſt.* La lecture entière de ce délicieux Ouvrage lui fit ſentir quelles abſurdités elle avoit digérées dans ſon enfance. Je paſſe ſous ſilence ſes objections, ſes exclamations, & les reproches qu'elle ne ceſſoit de faire à ſes Parens & aux Prètres, d'avoir abuſé, ſi impitoyablement, de ſa crédulité. Vous ſoupçonnez bien, Monſieur, que je ne manquois pas de faire chorus avec elle.

Content de l'effet des *Diſcours*, je ne me ſouciois pas trop d'examiner avec Madame *Hébert*, les *Preuves* dont les Théologiens ont eu l'art d'appuyer le Chriſtianiſme. Je fus cependant obligé d'en venir à cet examen, à cauſe de l'impreſſion que je vis que ces Preuves faiſoient encore, de temps-en-temps, ſur mon Ecolière, à qui elles étoient aſſez-bien connuës. Voici, Monſieur, l'eſquiſſe d'un très-grand Tableau.

Je me tirai d'abord aſſez leſtement de la *Preuve des Miracles*, déja fort entamée par la lecture des *Diſcours*, en faiſant obſerver à Madame *Hébert*, (d'après l'Ecrivain Moderne qui a le plus ſingulièrement attaqué les *Miracles* en leur témoignant un *reſpect* de ſa façon) —— Qu'un Miracle eſt une exception réelle & viſible aux Loix de la Nature; que pour bien juger d'un Miracle, il faudroit connoître toutes ces Loix; & qu'aucun homme n'a eu & n'aura cette connoiſſance. —— Que tout ce qu'on peut dire de celui qui ſe vante de faire des Miracles, eſt, qu'il fait des choſes fort extraordinaires. —— Que la Chymie curieuſe a des tranſmutations, des précipitations, des détonations, des exploſions, des phoſphores, des pyrophores, des tremblemens de terre, & mille autres merveilles, à faire ſigner mille fois le Peuple qui les verroit. (J'invitai Madame *Hébert* à mêler ſeulement de l'huile de *Gayac* avec de l'eſprit de *Nitre*, ſi elle vouloit faire des *Miracles*) —— Qu'il n'y a pas une foire à *Paris* où l'on ne voie des prodiges, par exemple, des Têtes de bois qui parlent, &c. &c. —— Que l'art de guérir n'étant pas hors de la nature, tout ce qu'on peut dire de certaines guérisons, c'est qu'elles sont surprenantes, mais non pas qu'elles sont impossibles. —— Que puisqu'on a déja trouvé le secret de ressusciter des noyés, & cherché celui de ressusciter les pendus, on parviendra peut-être à rendre la vie à des corps qu'on en avoit crû privés. —— Qu'il n'y a, enfin, que des Miracles qui puissent faire croire aux Miracles, parce que le témoignage des hommes, quel qu'il soit, ne peut jamais suffire pour constater des faits surnaturels.

J'ajoutai à ces Observations (plus comiques, il faut en convenir, & plus propres à frapper une femme, que solides en elles-mêmes) que notre petit tas de bouë a été tout couvert de miracles; que les Histoires sont aussi remplies de prodiges que d'événemens naturels. » Les filles du grand

» Prêtre Anius « dis-je à Madame *Hébert*, » changeoient tout ce qu'elles vouloient en » bled, en vin, en huile. Athalide, fille » de Mercure, reſſuſcita pluſieurs fois. Eſ- » culape reſſuſcita Hipolite. Hercule arra- » cha Alceſte à la mort. Hèrés revint au » monde après avoir paſſé quinze jours » dans les enfers. Romulus & Rémus nâ- » quirent d'un Dieu & d'une Veſtale. Le » Palladium tomba du Ciel dans la Ville » de Troyes. La Chevelure de Bérénice » devint un aſſemblage d'étoiles; &c. &c. « Je l'amuſai beaucoup en lui racontant ce que l'on dit d'un petit Moine, qui étoit ſi fort accoutumé à faire des miracles, que le Prieur lui défendit enfin d'exercer ſon talent; le petit Moine obéit; mais ayant vû un pauvre Couvreur qui tomboit du haut d'un toit, il balança entre le déſir de lui ſauver la vie, & la ſainte obédience. Il ordonna ſeulement au Couvreur de reſter en l'air juſqu'à nouvel ordre, & courut vite conter à ſon Prieur l'état des choſes. Le Prieur lui donna l'abſolution du péché qu'il avoit commis, en entamant un Miracle ſans permiſſion, & lui permit de l'achever, pourvû qu'il s'en tint là, & qu'il n'y revint pas. Je lui racontai auſſi ce qui étoit arrivé à St. *Amable*, qui, allant à Rome, eut l'honneur d'avoir pour Laquais le Soleil, qui lui porta ſon manteau & ſes gants au-deſſus de la tête, en guiſe de paraſol, pour le défendre contre la chaleur, quand il faiſoit beau, & contre la pluye, quand il faiſoit mauvais temps.

Vous ne ſauriez croire, Monſieur, les bons effets de ces *petits Contes*! S'ils ne frappent pas plus que les raiſonnemens, ils leur donnent, au-moins, une force ſingulière. » Laiſſons donc là les miracles " me dit Madame *Hébert*, après m'avoir fait quelques légères objections » mettez-» vous, Monſieur, les *Prophéties* dans le » même rang?

» Ce n'eſt, Madame, que depuis peu, » que je me ſuis détrompé ſur les *Pro-* » *phéties*, comme ſur les *Miracles*. J'ai dé-» couvert, que le premier Prophête fut » le premier fripon qui rencontra un im-

» bécille ; ainsi la Prophétie est de la plus » haute antiquité ; mais à la fraude s'est » joint le fanatisme ; ces deux monstres » habitent aisément ensemble dans les cer- » velles humaines. On a vu arriver à » Londres, par troupes, du fond du Lan- » guedoc & du Vivarès, des Prophètes, » tout semblables à ceux des Juifs, qui » joignoient le plus horrible enthousiasme » aux plus dégoutans mensonges. On a » vu *Jurieu* prophétiser en Hollande. Il » y eut de tout temps de tels Imposteurs, » & non-seulement des misérables qui fai- » soient des prédictions, mais d'autres mi- » sérables qui supposoient des prophéties » faites par d'anciens personnages. Le monde » a été plein de *Sibylles* & de *Nostradamus*. » L'Alcoran compte deux cent quatre-vingt » mille Prophètes .... «

» Deux cent quatre-vingt mille ? «

» Pas moins ! «

» Mais, Monsieur, de ce qu'il y a eu » de faux Prophètes, s'ensuit-il qu'il n'y en » ait point eu de véritables ? «

» Non, sans doute ... mais .... te-

» nez, Madame, par exemple, on parle » beaucoup de la Prophétie de Jésus-Christ » touchant *sa venuë dans les airs, avec* » *grande puissance & majesté.* Et bien, je » ne comprens pas que des Théologiens » même osent en parler! Pour peu qu'on » soit instruit, on sait, que le Dogme de » la fin du monde & de l'établissement » d'un monde nouveau étoit une chimère » reçuë, du temps de Jésus, chez pres- » que tous les peuples. On trouve cette » opinion dans *Lucrèce*, *Ovide* &c. Les » Stoïciens avoient adopté cette rêverie. » Les Demi-Juifs, les Demi-Chrétiens qui » fabriquèrent les Evangiles, ne manquè- » rent pas d'adopter un Dogme si reçu, » & de s'en prévaloir. Mais comme le » monde subsista encore longtems, & que, » malgré la Prédiction, Jésus ne vint point » dans les nuées avec une grande puissance » & une grande majesté, au premier Sié- » cle de l'Eglise, ils dirent, que ce se- » roit pour le second Siécle; ils le pro- » mirent ensuite pour le troisième; &, de » Siécle en Siécle, cette extravagance s'est

„ renouvellée. Les Théologiens ont fait „ comme un Charlatan que j'ai vu en „ place publique. Il montroit au Peuple, „ vers le ſoir, un Coq & quelques bou- „ teilles de baume. *Meſſieurs*, diſoit-il, *je* „ *vais couper la tête à mon Coq, & je le* „ *reſſuſciterai, le moment d'après, en votre* „ *préſence; mais il faut, auparavant, que* „ *vous m'achetiez mes bouteilles.* Il ſe trou- „ voit toujours des gens aſſez ſimples pour „ en acheter. *Je vais donc couper la tête à* „ *mon Coq*, continuoit le Charlatan; *mais,* „ *comme il eſt tard, & que cette opération* „ *eſt digne du grand jour, ce ſera pour de-* „ *main.* Deux Membres de l'Académie „ Royale eurent la curioſité & la conſtance „ de revenir pour voir comment le Char- „ latan ſe tireroit d'affaire.... “

„ Quoi, Monſieur! Deux Membres de „ l'Académie Royale? “

„ Oui, Madame. La farce dura huit „ jours....... “

„ Et les deux Académiciens perſévérè- „ rent? “

„ On aſſure, qu'ils ne ſe retirèrent

qu'au

» qu'au quatrième jour. Quoiqu'il en ſoit, » la farce, comme je vous l'ai dit, finit au » huitième; mais la farce de la fin du monde, » dans le Chriſtianiſme, a duré huit ſiècles » entiers. Après cela qu'on nous parle de Pro- » phéties! «

Mon *Charlatan* ferma la bouche à Madame *Hébert.* Je m'attendois qu'elle l'ouvriroit pour me parler des prétendus Oracles de ce qu'on nomme l'*Ancien Teſtament*; & je me diſpoſois, non a pas à diſcuter ce ſujet épineux & triſte, mais à m'en débarraſſer, au moyen *du déjeuné d'Ezéchiel*, & de *l'avanture d'Oola & d'Oliba*, ſi plaiſamment arrangée par un de nos Amis. Heureuſement, elle m'épargna juſqu'à la peine de chercher la gâze qu'il auroit fallu mettre ſur tout cela, en s'a- dreſſant à une Dame.

» A la bonne-heure « me dit-elle » je vous » abandonne les Miracles & les Prophéties, » quoique j'euſſe encore bien des choſes à » vous dire; mais la *Morale Evangélique*! » Que d'excellens Préceptes dans la bouche » d'un *Juif*, du fils d'un *Charpentier*! «

» Eh, qui ſait « Madame, ſi Jéſus n'avoit

» point passé sa jeunesse à étudier les Scien-
» ces, surtout, celle de la *Morale*; s'il n'a-
» voit point lu & pillé les Ouvrages de
» quelques Philosophes Payens; s'il n'avoit
» point voyagé en Grèce & en Egypte; s'il
» n'en avoit point rapporté les Discours,
» dont ses Disciples lui ont fait honneur?
» Combien d'autres suppositions je pourrois
» faire encore, dont vous auriez bien de la
» peine à vous tirer! Mais je ne veux pas
» me prévaloir de tous mes avantages pour
» vous faire sentir, que cette Preuve, qui
» vous frappe, n'a pas plus de solidité que
» celles que nous avons examinées. «

» Voyons donc si vos raisons sont aussi
» fortes que votre confiance paroît l'être. «

Ici, Monsieur, je vous préviens, que n'ayant pas réfléchi sur cete *Preuve* avec l'attention qu'elle paroît mériter, je suppléai, par l'assurance du ton & par cinq ou six plaisanteries, à la foiblesse de ce que je sentois que j'avois à dire. J'appuiai sur les *Observations suivantes*, que je ne ferai que vous indiquer.

Ire. *Observation*. Il n'y a jamais eu d'hom

me, soi-disant *Envoyé de Dieu*, qui ait assemblé d'autres hommes pour leur dire: » Vivez sans raison & sans loi; abandonnez-» vous à l'yvrognerie; soyez adultères; vo-» lez, assassinés sur les grands chemins. « Jésus n'auroit donc pas pù, sans une imprudence impardonnable, tenir un langage de ce genre.

II[de]. *Observation.* La Morale de l'Evangile ne peut frapper que ceux qui ne connoissent pas celle d'un *Platon*, d'un *Socrate*, d'un *Sénéque*, & d'un *Cicéron.* (Je lûs à Madame *Hébert* trois ou quatre Paragraphes du Traité de *Sénéque* sur les *Bienfaits*, que j'avois tenus prêts au besoin, & que j'accompagnai d'éloges qui alloient jusqu'à l'extâse.)

IIIme. *Observation.* On trouve dans l'Antiquité, des Exemples de patriotisme, de tempérance, de désintéressement, de patience, de douceur, qui prouvent, qu'avant *Jésus*, il existoit des Vertus aussi réelles que toutes celles qu'il recommande. (Je citai quelques traits de la vie de *Phocion*, de *Thalès*, de *Timoléon*, & de quelques autres

Payens illuſtres, dont Madame *Hébert* fut tout émerveillée.)

IVme. *Obſervation.* L'expérience nous apprend le cas qu'il faut faire de la Morale Evangélique, en nous montrant, que les Nations Chrétiennes ont ſouvent des mœurs plus corrompues que celles qu'elles traitent d'infidelles & de ſauvages. Dans l'Eſpagne, le Portugal & l'Italie, le vol, l'aſſaſſinat, la débauche, ſont portés à leur comble. (Les *Faits* ne me manquèrent pas; mais il fallut un peu d'adreſſe pour en éluder l'application à certains Préceptes de l'Evangile, bien clairs & bien poſitifs, qui ne ſe préſentoient que trop facilement à l'eſprit.)

Vme. *Obſervation.* La Morale de Jéſus (je n'ajoutai pas, interprétée par des Fanatiques & des Viſionnaires) à force d'outrer tous les devoirs, les rend impraticables & vains. Elle va juſqu'à dire, qu'il faut *haïr ſon Père & ſa Mère.* (Madame *Hébert* fit une grimace & voulut parler; mais je ne lui en donnai pas le tems.) Elle aiguiſe charitablement les poignards par ces paroles, *Contrains-les d'entrer.* Elle invite à la poltronnerie, à la bètiſe, par cet ordre burleſque de tendre poliment l'autre joue à celui qui en a ſoufflété une. Elle entre, avec la même adreſſe, dans la nature de l'homme, en lui faiſant un devoir, non-ſeulement d'aimer les autres comme ſoi-même, mais encore, d'aimer ce qui, aſſurément, eſt très-peu aimable, ſes plus cruels ennemis. Elle fait de la *pauvreté d'eſprit* la choſe du monde la plus heureuſe. Elle imagine & prèche cette impertinente Vertu, *l'humilité*, qui ne nous laiſſe voir que ce qu'il y a de mauvais en nous, & ne nous arrête que ſur ce qu'il y a de bon dans les autres. Elle nous commande je ne ſçais quelle *Crucifixion de la chair*, qui n'eſt rien moins que tentative pour tout homme qui n'eſt pas fou. Et le précepte de quitter maiſon, biens, parens, amis, pour ſuivre *Jéſus*? Et celui de laver les pieds des *petits*, quelques dégoûtans qu'ils puiſſent être? Et celui de voler pour faire l'aumône? Et celui de ne jeter pas même *un coup-d'œil* de convoitiſe ſur une femme, quelque jolie qu'elle puiſſe être? (Je ne touchai, qu'en tremblant, à cet article) Et tant d'autres Préceptes auſſi ſombres & auſſi abſurdes, qui ne ſe préſentent pas, dans ce moment, à mon eſprit ?

Vous comprenés, Monſieur, que je diſois tout cela avec une rapidité qui ne permettoit pas des réponſes, & que ſi j'avois eu affaire à un *Abadie*, je me ſerois bien gardé de défigurer la Morale Evangélique, au point de donner de ſi fortes priſes à mon Adverſaire.

Lorſque j'eus fini ma Vme. Obſervation, je me hâtai d'ajouter : » Pour ce qui eſt du » *Caractère Moral* de Jéſus-Chriſt, que les » Théologiens vantent ſi fort, je ne puis » m'empêcher de lui trouver de la ſimplicité, de la facilité, de la grace & même » de l'élégance. Il ne fuioit ni les plaiſirs » ni les fetes, il alloit aux noces, il voyoit » les femmes, il jouoit avec les enfans, » il aimoit les parfums, il mangeoit chez » les Financiers. Il avoit le cœur ſenſible ; » il étoit homme de bonne ſociété. «

Madame *Hébert* avoit l'air de trouver que j'habillois Jéſus-Chriſt en petit-maître, &

que j'en parlois d'une manière un peu dégagée. (Vous ſavez, Monſieur, quel eſt le Peintre à qui l'on doit ce joli portrait.)
» Mais, Madame, « ajoutai-je » en reconnoiſſant ce qu'il y a eu de bon en Jéſus,
» il faut convenir auſſi, que ſa Conduite
» n'eſt pas à l'abri de tout reproche. Sans
» parler de ſa prétention aux Miracles, qui
» ne fait pas honneur à ſa ſincérité, vous
» ſouvient-il de la réponſe, un peu dure,
» qu'il fit à ſa Mère, aux Noces de Cana?
» Vous ſavez avec quelles Epithètes il accueilloit les *Scribes* & les *Phariſiens*, qui,
» peut-être, en méritoient quelques-unes.
» Quelle vivacité, pour ne rien dire de
» plus, dans l'affaire de ces Vendeurs de
» pigeons & de bœufs, qui en trafiquoient
» paiſiblement dans le parvis du Temple!
» Les inviter à s'établir ailleurs, pâſſe!
» Mais les chaſſer à coups de fouet! Vous
» m'avouerez que c'eſt un peu fort! «

» Quoi! cet indigne trafic ne méritoit pas..... «

» Ah! Madame! Que n'avons-nous la vie entière de *Socrate*! Quel homme! Un

» parallèle, que je prépare, entre ce fils » de *Sophronisque* & le fils de *Marie*, vous » apprendra lequel mérite la préférence! «

» En attendant « me dit Madame *Hébert*, » que penſez-vous de la *Preuve* tirée de » l'*Etabliſſement de la Religion Chrétienne*? » Elle me paroît de la plus grande force. » Des pêcheurs, des péagers, des faiſeurs » de tentes forment le projet de faire ado- » rer Jéſus dans Athênes, dans Rome, dans » l'Univers entier! Une montagne d'obſtacles » ne les effraye pas! Ils en triomphent! «

Au ton dont elle prononça ces paroles, je crus voir renaître toute ſa foi à l'Evangile; & je vous avouerai, Monſieur, que cette *Preuve*, dont elle étoit frappée, m'a toujours chiffonné. Il ſeroit très-important que quelqu'un de nos plus fameux Auteurs y fit enfin une bonne réponſe. Je cherchai d'abord à détourner la converſation; mais Madame *Hébert* ne perdant point de vuë ſon objet, je lui dis, que j'étois obligé de ſortir, & qu'à mon retour je lui montrerois que cette *Preuve*, qui ſurprend au premier abord, n'a cependant pas plus de force que celles que je venois de réduire en poudre.

Je ſortis donc, & j'allai, ſur le champ, raſſembler tout ce que j'avois lû de tant ſoit peu ſatisfaiſant ſur cette fâcheuſe *Propagation de l'Evangile.* Cela fait, je me préſentai hardiment à Madame *Hébert.* » Je viens « lui dis-je » reprendre notre converſation; » où en ſommes-nous reſtés, je vous » prie? «

» A l'inconcevable établiſſement du Chriſ- » tianiſme. Permettez, Monſieur, que je » vous trace un tableau, que je viens de » me faire à moi-même. Je vois *Pierre* & » *Paul*, hommes du commun peuple, qui, » mal-vêtus, un bâton à la main, un hâ- » vre-ſac ſur l'épaule, ſe diſpoſent à par- » tir, l'un pour *Athènes*, & l'autre pour » *Rome.* Je leur demande, quel eſt leur » deſſein? Ils me répondent, d'un ton » ferme, qu'ils vont *renverſer les Idoles*; » *élever des Autels au Vrai Dieu, Créateur* » *des Cieux & de la Terre*; *faire reconnoître* » *pour ſon Envoyé Jéſus crucifié à Jéruſalem*; » *prêcher une Morale pure & ſainte, & ré-*

» *former le genre humain.* Je ris d'un tel » projet ; j'essaie d'en faire sentir à ces pau- » vres gens toute l'absurdité. Ils partent, » sans m'écouter. Je gémis de leur folie. » Quelques années s'écoulent ; & j'apprens, » que mes deux Voyageurs, aidés d'une » douzaine de leurs semblables, quoique vio- » lemment persécutés, ont fait à leur Maître » une multitude innombrable de Disciples. » Je doute, d'abord, de la vérité du fait. » Je soutiens qu'on m'en impose ; mais » enfin, je suis forcée de me rendre. Con- » venez, Monsieur, qu'il n'est guères pos- » sible d'apprendre une nouvelle plus éton- » nante que celle-là ! «

Je me serois bien passé de cette peinture, qui n'étoit que trop frappante. Afin d'effacer l'impression qu'elle faisoit sur Madame *Hébert*, je dissertai, tant bien que mal, pendant près d'une heure, sur l'effet naturel de la *Nouveauté*, qui attiroit des esprits foibles, lassés de leurs anciennes sottises, & qui couroient à de nouvelles erreurs, comme la populace de la foire de *Barthélemy*, dégoûtée d'une ancienne farce qu'elle a trop ſouvent entendue, demande une farce nouvelle. ——— Sur l'eſpèce d'hommes qui embraſſèrent l'Evangile, que je reléguai parmi la plus vile populace. ——— Sur l'attrait d'une Religion, qui flattoit les hommes d'une égalité naturelle, en leur diſant, qu'un ſeul Dieu les avoit tous créés, & qu'ils avoient tous un même Sauveur. ——— Sur la ſéduction d'une Doctrine qui promettoit de *nouveaux Cieux & une nouvelle Terre*, où l'on jouiroit d'une béatitude inexprimable. ——— Sur la conſiſtance & l'activité que donna à la Secte naiſſante, la Philoſophie de *Platon*, que les Chrétiens eurent l'art de mêler avec le Chriſtianiſme. ——— Sur la douceur du Sénat Romain qui, reſpectant les Platoniciens, admirant les Stoïques, aimant les Epicuriens, tolérant les reſtes de la Religion Iſiaque, vendant aux Juifs la liberté d'établir des Synagogues au milieu de *Rome*, ne pouvoit pas avoir perſécuté les Chrétiens, comme les Théologiens oſent le dire à ceux qui ne connoiſſent point l'Hiſtoire. ——— Sur la fourberie des Prêtres, qui ont prodigieuſement groſſi le nombre des Martyrs, & qui ont forgé, à ce ſujet, des Fables ſi abſurdes, qu'ils ſe ſont trahis eux-mêmes. (J'eus ſoin de faire part à Madame *Hébert* de l'aventure de *Ste. Potamienne.* Elle rit de bon cœur, en voyant cette illuſtre *Sainte* ſortir, avec une peau plus fraîche & plus blanche, de la marmite, pleine de poix-réſine, où l'on avoit eſſaié de la faire bouillir. Le ſpécifique lui parut trop hazardeux, pour qu'elle le conſeillat à aucune de ſes amies.) ——— Sur l'établiſſement de la Religion Mahométane, qui fut auſſi prompt que celui de la Religion Chrétienne, & qui, actuellement, eſt auſſi répandue ſur la terre. (Je crus devoir placer ici quelques Anecdotes ſur *Mahomet* & ſur ſa veuve *Cadige*, qui amûſèrent beaucoup Madame *Hébert*, &, à la faveur deſquelles je fis paſſer ma comparaiſon, qui, il faut l'avouer, eſt tant ſoit peu clochante.)

Puis, apoſtrophant tout-à-coup mon Ecolière » Et bien « lui dis-je » Madame! Etes » vous toujours auſſi étonnée du ſuccès de » vos Voyageurs? Quant à moi, je trouve

» très-ſimple, que le Chriſtianiſme ſe ſoit » formé dans la populace, comme les Sec- » tes des Anabaptiſtes & des Quakers ſe » ſont établies; comme celles des Prophètes » du Vivarès & des Cévennes ſe ſont formées; » comme la Faction des Convulſionnaires » qui fit tant de bruit. L'enthouſiaſme com- » mence; la fourberie achève. Il en eſt de » la Religion comme du jeu; *on commence » par être dupe, on finit par être fripon.* Au » ſurplus, Madame, comment oſe-t-on par- » ler de l'établiſſement du Chriſtianiſme? » Ah, qu'il eût été à ſouhaiter, que vos » deux Voyageurs, & conſors, euſſent été » enfermés, pour le reſte de leurs jours, » dans la première ville où ils parlèrent du » Chriſt! Que de malheurs cet empriſonne- » ment eût épargné au genre-humain! «

Ici, prenant le ton de l'indignation & du ſcandale, je lûs un petit relevé de tous les hommes que la Religion-Chrétienne a fait maſſacrer, ſoit dans les ſéditions, ſoit dans les batailles, ſoit ſur les échaffauds, ſoit dans les bûchers, ſoit par de ſaints aſſaſſinats, ou prémédités, ou ſoudainement inſpirés par l'esprit. Madame *Hébert* fut atterrée, en apprenant, qu'il y avoit eu neuf millions quatre cent soixante & huit mille huit cent trente-trois personnes, ou égorgées, ou noiées, ou brûlées, ou rouées, ou pendues, pour l'amour de Dieu. Elle ne vouloit pas le croire, mais je lui prouvai, en faisant, de nouveau, *l'addition*, qu'il n'y avoit pas un noié, pas un pendu à rabattre.

» Mais en supposant « me dit-elle » que » votre Calcul soit exact, ce ne sera pas la » faute de la Religion Chrétienne, ce sera » celle des abus. «

» Cela seroit bon, Madame, s'il n'y » avoit eu que peu d'abus. Mais si les » Prêtres ont voulu vivre aux dépens du » Public, depuis que *Paul*, ou celui qui » a pris son nom, a écrit, *Ne suis-je pas* » *en droit de me faire nourrir & vêtir, moi*, » *ma femme, ou ma Sœur*; si l'Eglise a » voulu toujours envahir; s'il est évident, » que l'Histoire de l'Eglise est une suite » continue de querelles, d'impostures, de » véxations, de fourberies, de rapines &

» de meurtres ; alors il eſt démontré, que » l'abus eſt dans la choſe même ; comme il » eſt démontré, qu'un loup a toujours été » carnacier, & que ce n'eſt point par quel- » ques abus paſſagers qu'il a ſucé le ſang » de nos moutons. «

Ce *Loup carnacier* me tira du détroit où j'aurois pû me trouver, ſi Madame *Hébert* m'eût dit » que lors même que les abus ſe- » roient innombrables, il n'en reſteroit pas » moins vrai, que l'Evangile recommande, » à chaque page, la *charité*, la *douceur*, » le *ſupport*, le *pardon*, la *miſéricorde*, & » parconſéquent, que les horreurs, dont » j'avois fait un relevé, ne devoient pas » être miſes ſur ſon compte. « Je veux réfléchir mûrement ſur cette terrible difficulté ; & je ne doute pas d'y trouver une réponſe triomphante.

» Et des *Martyrs*, qu'en penſés-vous ; » Monſieur ? « me dit Madame *Hébert* » le » nombre prodigieux de ceux qui l'ont été » pour le Chriſtianiſme, ne fournit-il pas » une forte *Preuve* en ſa faveur ? «

» Les Martyrs, Madame ? Eſt-il d'opinion

» absurde qui n'ait pas eu les siens ? Le » Fanatisme a, de tout tems, poussé les » hommes aux actions les plus inconcevables. » D'ailleurs, ne vous y trompés pas ; les » Avocats de l'Evangile nous bercent de » *Martyrs* à faire pousser de rire. On nous » peint les Titus, les Trajans, les Marc-» Auréles, ces modèles de vertu, comme » des monstres de cruauté. *Fleuri*, Abbé du » Loc-Dieu, (que peut-être vous ne con-» noissez pas) a déshonoré son Histoire Ec-» clésiastique par des contes qu'une vieille » femme de bon-sens ne feroit pas à des » petits enfans. Peut-on répéter sérieuse-» ment, que les Romains condamnerent » sept Vierges, de soixante & dix ans cha-» cune, à passer par les mains de tous les » jeunes-gens de la Ville d'*Ancire*, eux » qui punissoient de mort les Vestales pour » la moindre galanterie ? C'est apparemment » pour faire plaisir aux Cabaretiers, qu'on » a imaginé qu'un Cabaretier Chrétien, » nommé *Théodote*, pria Dieu de faire mou-» rir ces sept Vierges plutôt que de les » exposer à l'infamie. Dieu exauça le Caba-

retier

» retier pudibond, & le Proconſul fit noyer » les ſept Demoiſelles. Dès-qu'elles furent » noyées, elles vinrent ſe plaindre à *Théodote* » du tour qu'il leur avoit joué, & le ſup- » plièrent inſtamment d'empêcher qu'elles » ne fuſſent mangées des poiſſons : *Théodote* » prend avec lui trois buveurs de ſa taver- » ne, marche au lac avec eux, précédé d'un » flambeau céleſte, repêcher les ſept vieilles, » les enterre, & finit par être pendu. *Dio-* » *clétien* rencontre un petit garçon, nommé » *St. Romain*, qui étoit bégue ; il veut le » faire brûler parce qu'il étoit Chrétien ; » trois Juifs ſe trouvent là & ſe mettent à » rire de ce que Jéſus-Chriſt laiſſe brûler » un petit garçon qui lui appartient ; ils » crient que leur Religion vaut bien mieux » que la Chrétienne, puiſque Dieu a dé- » livré *Sidrac*, *Mizac* & *Abdenago*, de la » fournaiſe ardente. Auſſi-tôt les flammes » qui entourent le jeune Romain, ſans lui » faire mal, ſe ſéparent, & vont brûler les » trois Juifs. L'Empereur tout étonné dit » qu'il ne veut rien avoir à démêler avec » Dieu ; mais un Juge de village, moins

» ſcrupuleux, condamne le petit bégue à
» avoir la langue coupée. Le premier Mé-
» decin de l'Empereur eſt aſſez honnète
» pour faire l'opération lui-même ; dès-qu'il
» a coupé la langue au petit Romain, cet
» enfant ſe met à jaſer avec une volubilité
» qui ravit toute l'aſſemblée en admiration.
» On trouve cent Contes de cette eſpèce
» dans les Martyrologes. Et puis l'on veut,
» que des Recueils ſouillés de ces abſur-
» dités ſoient dignes de quelque créance ?
» Les faits évidemment faux ne font-ils pas
» rejeter ceux qui auroient quelque vrai-
» ſemblance ? «

Madame *Hébert* ne me répondit rien ; mais, jugeant par certains geſtes & certains regards, que je n'avois pas totalement détruit l'impreſſion qu'avoient faite ſur elle les *Preuves* du Chriſtianiſme, je ne voulus pas finir cet Entretien ſans l'avoir fortement indiſpoſée contre l'Evangile. Ses parens m'avoient ſervi merveilleuſement pour cela, en en faiſant une bonne *Orthodoxe.* L'excellente choſe que cette *Orthodoxie* ! Combien nous lui devons de nos Philoſophes ! Quelle mine d'objections plus fortes que toutes celles que nous pouvons faire, d'ailleurs, contre le Christianisme ! Ayant amené la conversation sur ce qu'on a nommé des *Mystères*, je me gardai bien de dire à Madame *Hébert*, que les absurdités métaphysiques dont on a chargé l'Evangile ne lui appartenoient pas réellement ; supposant, au contraire, qu'elles en faisoient partie, & partie essentielle, je me récriai sur la violence qu'il faut faire au sens-commun pour croire, que *trois personnes bien distinctes les unes des autres ne sont qu'une seule personne* ; —— que *la Vierge Marie a été la Mère de Dieu* ; —— que *Dieu, offensé par les hommes, a satisfait lui-même pour eux à sa propre justice irritée* ; —— que *Dieu a prédestiné, de tout tems, une multitude innombrable de ses créatures à brûler aux Siècles des Siècles* ; &c. &c. Je couvris de tant de ridicule ces Inepties théologiques, qui, heureusement pour nous, ont été mises sur le compte de *l'Evangile*, que Madame *Hébert*, qui n'osoit pas me regarder en face, se retira, en me disant, qu'elle étoit tout honteuse de son imbécille crédulité, & qu'elle ne concevoit pas qu'il eût fallu que je lui ouvrisse les yeux pour la lui faire appercevoir.

Malgré cela, je n'en fus pas encore quitte avec elle sur l'article du *Christianisme.* Le lendemain de cette conversation, comme j'entrois dans sa chambre, je la trouvai, la plume à la main: » Je mets par écrit « me dit-elle » quelques Questions que j'irai » bientôt vous porter; laissez-moi finir, je » vous prie. « Je me retirai, très-impatient de savoir de quoi elle étoit occupée. Elle ne tarda pas à paroître, un papier à la main. » Monsieur, « me dit-elle » vous » parliez hier avec tant de chaleur & de » vitesse; vous entassiés tant de raisons les » unes sur les autres, que j'en fus étourdie » au point de ne pouvoir vous faire quel- » ques Questions qui s'offroient à mon » esprit, & qui méritent d'être exa- » minées. «

Je pris le papier, & j'y lus ces insidieuses Demandes, presque toutes rélatives à notre dernier Entretien.

Est-il nécessaire de connoître toutes les

Loix de la Nature, pour être en état de dire d'un homme, qu'il a fait un *miracle*, lorſque, d'un mot, il a donné la vue à un Aveugle-né, ou appaiſé une tempête, ou reſſuſcité un mort?

De tels Faits ne peuvent-ils pas être aiſément diſtingués des opérations de Chymie, & ne démontrent-ils pas la Miſſion d'un Envoyé de Dieu?

Un *Miracle* étant une choſe qui tombe ſous les ſens, que l'on peut auſſi bien voir que tout fait ordinaire, ne doit-il pas être crû ſur le témoignage des hommes, lors que ce témoignage a tous les caractères de vérité que l'on peut raiſonnablement demander?

Pluſieurs *Prophéties* n'ont-elles pas eu un parfait accompliſſement; celles, par exemple, qui regardent *le tems de la venue du Meſſie, ſa réjection par les Juifs, & l'établiſſement de ſon Egliſe?*

La *Morale* de Jéſus-Chriſt ne forme-t-elle pas un *Syſtême ſi beau & ſi complet*, qu'on n'en trouve point de tel chez aucun Philoſophe de l'antiquité?

Ne peut-on pas donner de *l'Humilité*, de la *Patience*, de *l'Amour des ennemis*, &c. une définition telle qu'il en résultât, que ce sont d'excellentes Vertus, dont la pratique contribueroit au bien des Particuliers & du Public?

La bonté d'une *Morale* dépend-elle de la manière dont ceux qui la connoissent s'acquittent des devoirs qu'elle leur impose? Ne doit-on pas, plutôt, en juger par ses *principes*, par ses *leçons*, & par ses *motifs*?

L'Objection tirée des *Persécutions*, dont vous avez fait un effrayant résumé, ne porte-t-elle pas plutôt contre ceux qui se disoient *Chrétiens* que contre le *Christianisme*? Doit-on imputer les horreurs de *l'Intolérance* à une *Doctrine* qui ne respire & ne prêche que la Charité?

Le fameux passage, *contrains-les d'entrer*, peut-il s'entendre d'une *violence* à faire à des gens qu'il étoit question d'appeller à un *Repas*?

Est-il une seule Vertu qui ne se trouve pas dans le *Caractère de Jésus-Christ*; & ne peut-on pas aisément justifier tout ce que vous avez blâmé dans sa conduite, le tourner même à sa louange ?

Si Jésus-Christ eût été un Imposteur, auroit-il commencé par heurter toutes les idées des Juifs, & par indisposer contre lui les *Scribes* & les *Pharisiens*, qu'il auroit eu tant de raisons de ménager ?

Cet Ordre de Jésus à douze Pècheurs ou Péagers, *Allez & enseignez toutes les Nations*, n'étoit-il pas absurde, s'il n'eût pas été accompagné du pouvoir de faire des miracles, conféré par celui-là même qui donnoit cet Ordre ?

L'amour de la nouveauté est-il assez fort pour déraciner des préjugés religieux, & faire affronter les supplices & la mort ?

Si le Christianisme ne fut embrassé (ce que l'on conteste) que par une *vile populace*, comment l'alliage de la Philosophie de *Platon* avec l'Evangile, put-il être (comme vous l'avez prétendu) un attrait pour cette *populace*, qui ne devoit rien y comprendre ?

S'il y a eu des Martyrs dans les fausses Religions, n'y a-t-il pas cette grande différence entr'eux & ceux du Christianisme, que ceux-ci mouroient pour soutenir des *faits*, & ceux-là, pour soutenir des *opinions*?

La Religion de *Mahomet* ne s'est-elle pas établie par des *moyens humains*, qui manquèrent absolument à ceux qui prêchèrent *l'Evangile*?

L'état présent des *Juifs* n'est-il pas extraordinaire, & ne fournit-il pas une Preuve subsistante de la vérité du Christianisme? N'y voit-on pas l'accomplissement de cette parole, *que son sang soit sur nous & sur nos enfans*?

Voilà, Monsieur, les *Questions* de Madame *Hébert*, qu'elle me présenta d'un air de confiance, que je ne lui avois point encore vu. Quoique convaincu que l'Ouvrage de quelque habile Avocat de l'Evangile les lui avoit fournies, je lui en fis compliment, comme si j'eusse été persuadé qu'elles étoient sorties de sa tête. N'ayant point prévu cette rude attaque, je fus tenté de demander terme à répondre. Je hazardai cependant de m'exécuter au moment même. Toutes ces Questions furent débattues dans un Entretien, trop long pour vous être rapporté; il finit par la défaite de Madame *Hébert*, à qui je dois cependant la justice de dire, qu'elle ne mit bas les armes qu'après une vigoureuse défense. J'avouerai même, que sans l'heureuse ressource des *petits Contes*, & quelques *sorties sur les gens d'Eglise*, la victoire auroit été beaucoup plus long-tems incertaine.

Je suis, &c.

SIXIÉME LETTRE.

NOuvelle alerte, Monſieur! Au moment où je croyois toucher à mon triomphe, j'ai craint de perdre tout le fruit de mes ſoins & de mes travaux. Madame *Hébert* ſe trouva, il y a quelques jours, dans une compagnie; la converſation tomba ſur le Chriſtianiſme, à l'occaſion d'un Ouvrage où les *Miracles* étoient vivement attaqués. Quelqu'un vantoit beaucoup la manière dont cet Ouvrage étoit écrit. „ À la bonne-heure « dit un des aſſiſtans, „ je conviens que la „ forme en eſt agréable, mais pour le fonds, „ j'oſe dire qu'il ne vaut rien. " Il n'en fallut pas davantage pour engager une diſpute, qui dura deux à trois heures. Elle roula, particulièrement, ſur la nature de la *Preuve des Miracles*, employée par Jéſus-Chriſt; & ſur l'accuſation d'*impoſture* & de *fanatiſme* intentée à ſes Diſciples. Madame *Hébert* fut ſi frappée de ce que dit, à ce ſujet, le partiſan de l'Evangile, que voulant m'en faire part, elle le pria de lui donner par écrit les principales Obſervations qu'il avoit faites ; il le lui promit, & ne tint que trop ſa parole. Dès le lendemain elle reçut ces Obſervations, qu'elle ne manqua de me préſenter, & que je vais vous tranſcrire, afin que vous jugiés quels Raiſonneurs a encore pour lui l'Evangile, & de quel travail j'étois menacé. Je retranche quelques complimens à Madame *Hébert* ; ils ſont tels que l'on peut en attendre d'un homme aſſez congelé pour écrire ce que je vais mettre ſous vos yeux. Armez-vous d'une bonne doſe de patience.

Ce que j'avançai ſur la nature de la *Preuve des Miracles*, employée par Jéſus-Chriſt, peut ſe réduire à ce qui ſuit.

1°. Cette Preuve eſt la plus propre à attirer l'attention des hommes. Lorſqu'il s'agit de faire recevoir une Doctrine nouvelle, les hommes étant dominés par les préjugés, & diſtraits par les affaires ou par les plaiſirs, quel ſuccès peut-on ſe promettre, ſi l'on ne les force pas, en quelque manière, à examiner ce qui leur eſt propoſé ? Or les Miracles étant des événemens extraordinaires, des faits éclatans, ils ne peuvent qu'exciter la curioſité, & attirer les regards, d'abord ſur ceux qui les opèrent ; enſuite, ſur la Doctrine qu'ils annoncent. Jugeons-en par ce que nous ferions nous-mêmes, ſi quelqu'un nous propoſoit une Religion nouvelle, & prétendoit l'appuyer de la guériſon ſubite des maladies les plus invétérées, de la réſurrection d'un mort, ou d'autres actions de ce genre.

2°. Cette Preuve eſt la plus courte, la plus abrégée. Qu'un homme entreprenne de perſuader qu'une Doctrine vient de Dieu, en déduiſant cette Doctrine, par une chaîne de conſéquences, des Principes inconteſtables de la Raiſon, qui ne ſent combien cette méthode ſeroit difficile, lente, & peu propre à faire un grand nombre de Diſciples ? Mais que ce même homme, en preuve de ſa miſſion, diſe à un paralitique, *Je le veux, ſois guéri !* Qu'il diſe à un mort, enterré depuis quatre jours, *Sors du tombeau !* & qu'il ſoit obéi ; mille ſpectateurs de ces faits ſont frappés à l'inſtant même ; & leur conviction peut paſſer de leur ame dans celle de mille autres perſonnes, à qui ils racontent ce dont ils ont été les témoins.

3°. Un troiſième avantage de cette Preuve, c'eſt qu'elle eſt d'une influence univerſelle, étant à la portée de tous les hommes. La méthode de la diſcuſſion ne peut être employée qu'avec ce petit nombre d'hommes qui ont aſſez de pénétration & de lumières pour ſaiſir les rapports des idées entr'elles, pour ſuivre le fil des raiſonnemens, & pour en ſentir toute la force. Il faut au plus grand nombre des hommes des preuves plus ſimples, plus aſſorties à leur intelligence. Et telle eſt la preuve des Miracles. Il ne faut, aſſurément, ni une pénétration bien vive, ni de grands efforts de raiſonnement pour comprendre, que l'on doit ajouter foi à un homme qui, ſe diſant envoyé de Dieu, fait des choſes qu'il ne pourroit faire, s'il ne tenoit pas ce pouvoir de Dieu.

4°. Je dis plus; il n'y a que cette Preuve qui ſoit pleinement ſatisfaiſante, lorſqu'il eſt queſtion de ſavoir ſi un homme parle de la part de Dieu. L'excellence, la ſublimité d'une Doctrine, la ſageſſe & la beauté d'une Morale, peuvent faire donner à celui qui les annonce le Titre de *Docteur* & de *Sage*; elles peuvent faire préſumer, rendre même très-vraiſemblable qu'il parle de la part de Dieu; mais elles ne peuvent donner une entière certitude à cet égard; & pourquoi? Parce qu'étant impoſſible de déterminer juſqu'où peut aller la Raiſon humaine, en fait de Doctrine & de Morale, on ne peut aſſurer que Dieu a parlé, que lorſque ſon ſçeau eſt viſiblement appoſé à une Doctrine, par des œuvres qu'il a, ſeul, le pouvoir de faire.

On m'objecta, que quand la Preuve des Miracles ſeroit déciſive pour ceux qui en ſont les témoins, elle ne le ſeroit pas pour ceux qui vivent dix-huit ſiècles après qu'ils ont été opérés. Voici, en peu de mots, quelle fut ma réponſe.

S'il eſt un genre de certitude que donne le témoignage de nos propres ſens, il en eſt un autre qui naît du récit que nous font les hommes de ce qu'ils ont vu

& de ce qu'ils ont entendu. Quoique je n'aie pas vécu du tems d'*Alexandre*, si ridiculement appellé *le grand*; quoique je ne l'aie pas suivi dans ses conquêtes, je n'en crois pas moins qu'il a existé, & qu'il a fondé la Monarchie des Grecs. Je sais que les Faits *miraculeux* sont bien différens des faits ordinaires; mais je sais aussi, que les Faits miraculeux n'en sont pas moins des faits, des faits qui tombent sous les sens, & qui, par là-même, peuvent aussi bien être l'objet du témoignage des hommes, que les faits les plus ordinaires. Cela posé, comment dois-je me conduire, moi qui n'ai pas vu les miracles de Jésus-Christ? Je dois examiner attentivement, s'il y a des raisons suffisantes d'ajouter foi au témoignage de ceux qui me racontent ces miracles. Il est évident que c'est-là tout ce que j'ai à faire.

Ici, je fus conduit, naturellement, à dire ce que je pensois sur le témoignage rendu par les Apôtres aux Miracles de Jésus, & à les disculper de l'accusation d'*imposture*. Voici comment je m'en acquittai.

1°. Pour se convaincre de la sincérité des Apôtres; il n'y a, pour ainsi dire, qu'à ouvrir les Evangiles, où l'on voit, à chaque page, l'empreinte de la vérité. Avec quelle candeur, quelle ingénuité, ils nous parlent d'eux-mêmes, de leur naissance obscure, de leurs emplois peu honorables, de leur ignorance, de leurs erreurs, de leurs préjugés sur le Messie, de leurs foiblesses & de leurs fautes! Et que trouve-t-on dans leurs Ecrits? Ce naturel qui peint si bien la vérité, ce ſimple, ce naïf qui ne cherche pas à ſurprendre. Point de prétentions, point d'emphâſe, point de déclamations. C'eſt le ton de gens familiariſés avec les événemens qu'ils racontent, qui en parlent comme de faits bien connus, & qu'ils ne ſoupçonnent pas ſeulement pouvoir être révoqués en doute.

2°. Et quels ſont ces Faits? Des faits qui ſe ſont paſſés dans les villes, dans la campagne, dans les places publiques, dans les Sinagogues, en préſence des Juifs, des Scribes même & des Phariſiens, implacables ennemis de Jéſus. — Des Faits circonſtanciés, ſoit par rapport aux perſonnes, ſoit par rapport aux lieux où ils ont été opérés. — Des faits de différent genre, ſouvent répétés, continués pendant pluſieurs années, & dont les effets qui en réſultoient n'étant pas paſſagers, mais durables, laiſſoient le tems de s'aſſurer de leur réalité.

3°. Quel étoit le but général des Apôtres, en racontant les Miracles de Jéſus? C'étoit de faire recevoir ſa Doctrine. Et quelle eſt cette Doctrine? Une Doctrine pure & ſainte, qui ne tend qu'à établir l'empire de la Vertu ſur la terre. Or eſt-il concevable, que des fourbes & des impoſteurs euſſent formé le projet de répandre une telle Doctrine, de faire des Diſciples à la probité, à la ſincérité, en ſe permettant à eux-mêmes la fraude & le menſonge?

4°. Mais en ſuppoſant qu'ils euſſent formé le projet d'en impoſer aux hommes, pouvoient-ils ſe flatter de n'être point découverts? Comme ils étoient douze, ne devoient-ils pas craindre qu'il n'y en eût quelqu'un qui révélât l'imposture ? Ne savoient-ils pas qu'il n'y avoit pas eu parmi eux de la fermeté & du courage ? Avoient-ils lieu de se flatter, que celui d'entr'eux qui avoit renié son Maître, ne le renieroit plus ? Pouvoient-ils s'imaginer, qu'étant confrontés, ou interrogés à part, il ne s'en trouveroit pas un seul à qui le remords ou la crainte fit découvrir l'imposture ?

5°. Les Apôtres ne démontrent-ils pas la ferme conviction où ils étoient à l'égard des Miracles de Jésus, en agissant d'une manière entièrement opposée à leurs anciens préjugés, à leurs idées les plus chéries, à tous leurs avantages temporels, à la Religion nationale ? Il est aisé de voir, qu'ils n'ont été, ni attirés par l'affection personnelle, ni trompés par l'apparence, ni gagnés par la flatterie, ni séduits par la prévention, ni entraînés par la sollicitation, ni amorcés par le plaisir, ni aveuglés par l'intérêt ; & qu'ils ont agi, malgré l'assurance positive qu'ils avoient, par les propres déclarations de leur Maître, & par son supplice, que les persécutions les plus cruelles les attendoient, s'ils lui demeuroient fidelles.

6°. Et comment les Apôtres prétendoient ils démontrer leur sincérité ? En opérant eux-mêmes des prodiges. Etoit-ce un moyen de faire recevoir ce qu'ils racontoient, que d'en appeller à leurs propres miracles, s'ils n'avoient pas eu le pouvoir d'en faire ? N'étoit-ce pas plutôt fournir un moyen de les confondre, s'ils eussent été des imposteurs ? Comment, encore, auroient-ils osé, comme ils le faisoient, en appeller au pouvoir de

faire

faire des miracles, qu'ils prétendoient avoir communiqué ? Pouvoient-ils ſe flatter que ceux à qui ils diſoient qu'ils leur avoient conféré ce pouvoir, ſe perſuaderoient qu'ils faiſoient des miracles, s'ils n'en euſſent pas fait réellement ?

7°. Après avoir enduré des perſécutions en tout genre, les Apôtres, loin de ſe démentir jamais, ſcélèrent de leur ſang la vérité des Faits qu'ils avoient publiés. La fureur des Tyrans, tout ce qu'une barbarie, cruellement ingénieuſe, inventa pour faire durer les tourmens & prolonger la mort, ne fut pas capable de leur arracher un déſaveu. Conçoit-on une pareille perſévérance à ſoutenir une impoſture ?

8°. Les Révolutions arrivées dans le Monde moral & religieux, depuis le tems où ſe ſont paſſés les faits racontés par les Apôtres, ont été telles qu'elles devoient être, en ſuppoſant la vérité de ces faits ; &, ce qu'il faut bien obſerver, il eſt impoſſible de les attribuer à quelque autre cauſe, comme à l'ignorance du tems, à l'éloquence, au crédit, à l'autorité, aux déſirs des paſſions, aux richeſſes, &c. La propagation de l'Evangile ſera toujours la croix des Incrédules.

Mon Adverſaire, preſſé par ces raiſonnemens, ſe jeta ſur l'accuſation de *Fanatiſme*. J'en prouvai l'injuſtice, la fauſſeté, de la manière ſuivante.

1°. Je fis d'abord remarquer l'étrange contradiction où tombent ceux qui attaquent le Chriſtianiſme. Ils conviennent de la beauté & de l'excellence de la Morale Chrétienne. Cela étant, voici ce qu'il faut qu'ils admettent : c'eſt que des Fanatiques ont enſeigné la plus belle Doctrine qui ait jamais été propoſée aux hommes : c'eſt que des Viſionnaires ont mieux penſé ſur la Morale que les *Socrate* & les *Platon* ; c'eſt que ces Viſionnaires n'ont rien preſcrit aux hommes qui ne ſoit propre à faire le bonheur des Sociétés & des Individus. D'un côté, pureté dans les principes, vérités les plus intéreſſantes, raiſon éminente dans tout le ſyſtême moral ! D'un autre côté, déraiſon, délire, enthouſiaſme ! Quel aſſemblage bizarre ! Quel accord inexplicable des ténèbres avec la lumière !

De plus ; ſi l'on accuſe les Apôtres d'enthouſiaſme, comment peut-on concevoir une parfaite intelligence entre douze Viſionnaires ? Car enfin, les Apôtres ne ſe ſont point contredits ſur les *Faits*, quelque nombreux & variés qu'ils ſoient ; &, à l'égard des *Vérités*, ils s'accordent à un tel point que quand nous n'aurions qu'un ſeul Evangile & une ſeule Epître, nous y trouverions le même Syſtême qui réſulte des quatre Evangiles & des Epîtres réunies.

Où conduit encore cette accuſation ? A cette conſéquence inſoutenable ; c'eſt que douze Viſionnaires, ſans naiſſance, ſans crédit, ſans forces, ſans richeſſes, aidés ſeulement de leurs viſions, & perſécutés de toutes parts, diſſipèrent l'ignorance, étouffèrent les préjugés, confondirent la philoſophie, & renverſèrent les idoles !

Mais pour ôter tout ſoupçon d'enthouſiaſme chez les Apôtres, j'ajoutai ce qui ſuit :

Le *Fanatiſme* eſt une eſpèce de feu, qui brûle le cœur,

mais ne le purifie pas ; qui, ſouvent, fait fermenter les paſſions, mais ne les modère pas. Auſſi a-t-on remarqué, qu'une vertu douce, ſimple, toujours égale, ne ſe trouve pas chez ceux qui ſont atteints de cette maladie. Mais chez les Apôtres, quels ſentimens ! quelles mœurs ! quelle ſageſſe dans toutes leurs démarches ! La calomnie n'oſa jamais les attaquer du côté de la ſimplicité & de la droiture de cœur.

Le Fanatique, frappé de quelque objet, ne ceſſe d'en faire des éloges outrés, des deſcriptions hyperboliques. Or, je l'ai déja remarqué, les Apôtres racontent tout ſimplement, froidement même, les miracles de Jéſus. Loin de paroître enthouſiaſtes, on diroit preſque qu'ils ne prennent aucun intérêt à ce qu'ils rapportent. Vous ne trouverez pas dans les quatre Evangiles un ſeul éloge de leur Maître.

Le Fanatique peint ſon délire dans ſes diſcours ; il parle ſouvent hors de propos ; vous trouverez chez lui de la vivacité, mais rarement de la juſteſſe. Suivez les Apôtres devant les Juifs & les Payens ; vous appercevrez toujours cet eſprit ſage & prudent, qui s'accommode au tems, au lieu, au caractère, au génie de ceux à qui ils parlent.

Le Fanatique, qui croit avoir quelque privilège, en parle ſans ceſſe, il l'élève au-deſſus de toutes les autres prérogatives. Reconnoît-on, à ce trait, les Apôtres ? Parlent-ils avec orgueil, avec oſtentation, de leurs miracles ? J'ai toujours été frappé de cette déclaration de St. Paul : *Quand j'aurois le don des langues & celui des pro-*

phéties ; quand j'aurois la ſcience de toutes choſes, ſi je n'ai pas la charité, je ne ſuis rien. N'eſt-ce pas là le langage d'un vrai philoſophe, & non point celui d'un homme en délire ?

Enfin, l'Enthouſiaſte viole, pour l'ordinaire, toutes les régles de la prudence ; uniquement occupé de ſes viſions, il néglige le ſoin de ſa perſonne ; il va au devant des ſupplices, il les affronte. Les Apôtres ſuivent le ſage conſeil de leur Maître ; ils joignent *la prudence des ſerpens à la ſimplicité des colombes ; perſécutés dans une ville, ils vont dans une autre ;* ils ſe conſervent pour défendre la vérité, mais ils ne l'abandonnent jamais par une lâche apoſtaſie.

Voilà, Monſieur, ce que renfermoit le Papier que me remit Madame *Hébert*, en m'invitant à en faire, à haute voix, la lecture. Lorſque je l'eus faite, » Eh bien, « me dit-elle » qu'en penſez-vous ? «

» Cela eſt ſec, froid, décharné ! Pas la » plus légère ſaillie, pas le plus petit mot » pour rire ! Il a fallu bâiller, à trois ou » quatre repriſes. Cela ſent ſon Géomètre, » qui va, peſamment, le compas à la » main..... «

» Et toutes ces preuves, Monſieur, ... « » J'eſpère que vous ne demandés pas que

» je les pulvérise l'une après l'autre ; ce » seroit le moyen de me faire périr d'ennui. » Il y a dans cette Dissertation glaciale un » certain appareil de raisonnement, qui ne » peut en imposer qu'à ceux qui ignorent, » que la plus mauvaise cause peut être dé- » fendue avec une apparence de succès. Des » *Miracles*, Madame ? N'avons-nous pas vu » que notre petit tas de boue en a été tout » couvert ? Vous souvient-il de ce petit » Moine, qui en faisoit tant, que le Prieur » fut obligé de lui défendre d'en faire, » sans sa permission ? Que n'a-t-on point » dit d'un certain *Grégoire* le Thaumaturge ? » Un beau Vieillard descend du ciel pour » lui dicter un Catéchisme. Chemin faisant, » il écrit une lettre au Diable ; la lettre par- » vient à son adresse ; & le Diable ne man- » que pas de faire ce que *Grégoire* lui or- » donne. Deux frères se disputoient un » étang ; *Grégoire* séche l'étang, & le fait » disparoître, pour appaiser la noise. Un » jour les Payens couroient après *Grégoire* » & son Diacre, pour leur faire un mau- » vais parti ; les voilà qui se changent tous

» les deux en arbres. Misères que tout » cela ! Sottises de l'homme, dont on a » honte dans ce Siècle ! N'en parlons plus, » Madame ; allons à une autre Comédie, » cent fois plus réjouissante. On donne au» jourd'hui l'*Opéra des Gueux*. Dans un mo» ment j'aurai l'honneur de venir vous » prendre. «

Je sortis, emportant avec moi ce Plaidoyer Evangélique, dont la réfutation auroit exigé les plus fastidieuses longueurs. Je reparus un quart-d'heure après ; nous allâmes au Spectacle, qui amusa beaucoup Madame *Hébert*, & détruisit toute l'impression que ce triste Plaidoyer avoit fait sur elle.

Depuis ce moment, Madame *Hébert* ne me dit pas un mot en faveur du Christianisme. Il me parut même, que les assauts livrés à sa Foi, y avoient fait la plus forte brèche. Ses exercices de piété étoient moins fréquents & moins sérieux ; elle ne les faisoit plus que par habitude & par bienséance ; elle négligeoit le Culte Public ; souvent même le Dimanche étoit donné à des parties de plaiſir (que je multipliois autant qu'il m'étoit poſſible.) Elle ſe permettoit des plaiſanteries ſur la Religion, non-ſeulement dans nos tête-à-tête, mais encore dans des Cotteries, où l'on étoit fort étonné de ſes propos. Un jour même, après un vigoureux ſarcaſme, de ſa façon, contre le Chriſtianiſme, elle dit à haute voix, quelle ne comprenoit pas comment l'Evangile avoit encore des Diſciples; que, pour elle, il ne lui reſtoit que la honte de l'avoir été.

C'étoit un grand point de gagné. L'eſpèce de vuide où l'on ſe trouve tout-à-coup, après l'abjuration du Chriſtianiſme, facilite l'entrée à toutes les *Vérités Philoſophiques*, à celles, en particulier, qui ont pour objet les plus doux penchans de la nature. C'eſt ce que j'avois appris par mon expérience, & qu'il me tardoit de voir confirmé par celle de ma belle Ecolière.

Cependant, Monſieur, quoique l'ouvrage en fût à ce point, ce qui me reſtoit à faire m'offroit de grandes difficultés; mais je m'armai d'un noble courage. Madame *Hébert* portoit toujours ſon Mari au fond du cœur;

elle m'en parloit fréquemment, & me témoignoit la plus vive impatience de le revoir. De ſon côté, le cher Mari ne ceſſoit d'envoyer à ſa très-chère Epouſe épitres ſur épitres, qui m'étoient communiquées, comme à l'intime ami de la maiſon. C'étoient de ces fades pots-pourris de langueurs, de proteſtations d'une tendreſſe éternelle, que l'on paſſeroit, à peine, à un amant vis-à-vis d'une maitreſſe, dont-il n'auroit pu obtenir la plus légère faveur. Je crus d'abord, qu'en ſouſtrayant quelques-unes de ces triſtes miſſives, je refroidirois cette ridicule ardeur conjugale; j'eſſayai ce moyen; mais voyant qu'il ne réuſſiſſoit pas, je pris le parti d'en tenter un autre.

Je ſuis fort lié avec un jeune homme, plein d'eſprit, d'une ſociété charmante, & *le fléau des préjugés*; c'eſt l'éloge dont l'a trouvé digne notre *Cotterie*. Il eſt Auteur de deux *Pamphlets* anonymes, où l'Evangile eſt, on ne peut pas plus agréablement, tourné en ridicule. Chaque ligne eſt une ſucculente Epigramme. Encore deux ou trois

Brochures auſſi facétieuſes, & le Chriſtianiſme eſt mort, enterré, anéanti!

Je confiai à cet Ami ma paſſion pour Madame *Hébert*, les obſtacles que j'avois déja ſurmontés, & ceux qui me reſtoient encore. » Comment donc! « me dit-il » voilà » bien du ſérieux pour une affaire de » cœur! Cela étoit bon du tems de nos » Grands-pères! Aujourd'hui l'amour ſe bruſ» que; & nos Dames ſe trouvent très-bien » des méthodes abrégées!..... Et puis, tu » parles de la vertu de Madame *Hébert*? » De la vertu! Pure grimace, mon ami! » J'en ai tant vu de ces femmes à vertu, » qui ont toujours, en public, la ſageſſe » ſur les lèvres, & qui, dans le tête-à- » tète, ſe gardent bien d'ètre des Veſtales. » Mais enfin, puiſque tu ès aſſez bon pour » croire à la vigoureuſe chaſteté de Ma- » dame *Hébert*, malgré le coup-de-pied » que tu dis qu'elle a donné à l'Evangile, » parles, de quoi s'agit-il? Que veux-tu » que je faſſe?

» Que tu gliſſes adroitement la jalouſie » dans le cœur de Madame *Hébert*, à qui

» tu ès inconnu. Je t'introduirai auprès » d'elle. Tu feindras d'arriver de *Naples*, » d'y avoir vu *Hébert*, qui t'aura chargé » de donner de ses nouvelles à son Epouse. » Tu seras bien questionné. Il s'agit de ré- » pondre de manière à lui mettre, comme » l'on dit, martel en tête. Crois-tu pouvoir » te tirer de ce rôle, avec les applaudis- » semens du Parterre? «

» Au mieux, mon cher, au mieux! Ce » ne sera pas mon coup-d'essai. J'ai déja » rendu à un ami un service de ce genre. » Tu connois Madame *Erford*? Et bien, » représente toi, qu'après quatre ans de » ménage, oui, quatre ans, elle étoit en- » core folle de son mari, qui est, à la » vérité, aussi aimable qu'un mari peut » l'être; & le Mari, à son tour, ne sou- » piroit que pour sa douce & chaste com- » pagne. C'étoit un vrai miracle de fidélité » conjugale! Aussi étoient-ils la risée de » tous les honnêtes-gens qu'ils fréquentent. » Aujourd'hui, ils se parlent une fois dans » quinze jours; *Madame* a pour amant en » titre l'ami en question; & *Monsieur* les

» laiſſe jouir, en paix, d'une liberté dont
» il ſe trouve très-bien lui-même. Ils me
» doivent cet honnête arrangement. Je te
» conterai un jour toute cette affaire. Qu'il
» te ſuffiſe, pour le préſent, de ſavoir,
» que j'ai déja fait mes preuves en ce genre.
» Repoſe-toi ſur mon zèle, &, j'oſe dire,
» ſur mon intelligence. Oh, Madame *Hé-*
» *bert* ! Votre Vertu fut-elle cent fois plus
» tenace, vous aimerez, s'il vous plaît,
» notre ami *Torman* ! Et je veux, que vous
» m'ayez, vous-même, une obligation mé-
» morable du ſervice eſſentiel que je m'ap-
» prête à vous rendre ! «

Après quelques inſtructions que je crus devoir lui donner, malgré ſa profonde confiance en ſes talens, je le conduiſis chez Madame *Hébert*, à qui je le préſentai, comme un homme que je ne connoiſſois pas, mais qui ſe diſoit chargé de lui donner des nouvelles de Monſieur *Hébert*. Il fut reçu avec tout l'empreſſement poſſible. Après les premiers complimens qui ſont d'uſage, dès-que la converſation fut entamée, feignant (comme nous en étions convenus) d'avoir une affaire importante, qui m'obligeoit de ſortir dans le moment même, je diſparus ; & j'allai attendre mon homme au Café de *Wight*, où étoit notre rendez-vous.

Il parut, au bout de deux heures ; & je vis de loin, à ſa phyſionomie, qu'il avoit de bonnes nouvelles à m'apprendre. » Elle » eſt, ma foi, jolie ! « dit-il, en m'abordant » Il eſt fort plaiſant, qu'avec une » taille auſſi déliée & de ſi beaux yeux, » on aime ſi furieuſement un *Mari* ! Ce- » la eſt encore du bourgeois tout pur ! Il » y avoit long-tems que je n'avois vu » pouſſer un ſoupir conjugal. Ce ſpectacle » bouffon n'a pas laiſſé que de m'amuſer » un inſtant. La bonne pâte de femme ! » Elle aime ſon *Hébert* de la meilleure foi » du monde. D'honneur, je me faiſois quel- » que peine de troubler cet amour, aujour- » d'hui, peut-être, unique en ſon genre ; » mais, en vérité, elle eſt trop belle pour » qu'on ait la dureté de lui laiſſer un tel ridi- » cule. Tu auras de la peine à le lui faire per- » dre ; il tient prodigieuſement ! C'eſt,

» d'ailleurs, à ce qu'il paroît, une de ces » Vertus, du vieux tems, bien nourries » & bien coiffues! C'est un vrai loup-garou » de sagesse! Si tu en ès effrayé, remets-» moi cette affaire; je t'en rendrai bon » compte. Quelques-unes de ces *honnêtes* » *femmes* m'ont déja passé par les mains; » il n'y a que la manière de s'y prendre. » Aujourd'hui point de places imprenables! » S'il en est qui n'aient pas été prises, » c'est qu'elles n'ont pas été assiégées, ou, » qu'elles l'ont été mal. «

Après ce long préambule, dont je me serois bien passé, *Dinhop* (c'est le nom de mon ami) me raconta sa conversation avec Madame *Hébert*; & je vis, par ce qu'il lui avoit dit, & plus encore par ce qu'il lui avoit tû, en prenant un air de mystère & de réserve, qu'elle ne pouvoit que suspecter la fidélité de son cher Mari, & que la sienne couroit risque d'en souffrir quelque atteinte. Vous en jugerez, Monsieur, par quelques lignes de leur Entretien.

» Le beau pays, Madame, que l'*Italie*! » La charmante ville que *Naples*! On a

» dit, que c'eſt un *Paradis habité par des* » *Diables* ; mais, en vérité, parmi ces » Diables, il y a bien des Anges! «

» Les femmes, ſans doute, ... «

» D'une beauté raviſſante! Monſieur *Hé-* » *bert* eſt un peu difficile, & je n'en ſuis » pas étonné. . . . «

» Il eſt tout entier à ſon commerce? «

» On a eu de la peine à l'en tirer, & » je doute que ſans Madame *Albani* . . . . Il » eſt vrai, qu'elle eſt bien aimable! Mylord » *Law* en a été ſi paſſionné qu'il a fait à » *Naples* un ſéjour de trois ans. . . . «

» Monſieur *Hébert* ſe diſpoſe-t-il à partir? «

» *Partir*, Madame! Il m'a paru qu'il ne » s'arrangeoit pas pour cela. Lorſqu'une fois » l'on a goûté le pays, on n'en ſort pas » aiſément. J'ai cru, d'honneur, que j'y » vivrois juſqu'à ma ſoixantième année. » Quelles femmes! . . . . N'en parlons plus, » Madame; je ſuis tenté d'y retourner, » toutes les fois que j'y penſe! «

Je fis à *Dinhop* mes juſtes remercimens; il y répondit par une bordée de plaiſanteries ſur le ſérieux dont je traitois cette affaire.

» Au reste « ajouta-t-il » je te souhaite, » non pas les honneurs de l'Ovation, mais » ceux du grand triomphe. Je suis pressé » de me retirer. Mon bon-homme de Père, » à qui tu sais que je n'ai pu arracher que » cinq-cent pièces par année, se résout » enfin à mourir. Il a prodigieusement duré ! » C'est un des plus déterminés *Chrétiens* » que je connoisse ! Il croit, de tout son » cœur, au Paradis ; je vais voir s'il est » allé en prendre possession. De-là, je vole » chez mon Imprimeur. Je t'annonce de » l'épigrammatique ! C'est bien autre chose » que les deux Brochures que tu connois ! » Le pauvre Evangile en aura dans l'aile ; » je doute qu'il en réchappe. Adieu, mon » langoureux ami ! Je te recommande les » ombres solitaires des bois, les tendres » accens de la tourterelle, & les plaintifs échos » d'alentour ! Garde-toi, pourtant, de me » fournir le sujet d'une triste Romance, ou » d'une larmoyante Elégie. «

Je me hâtai de retourner auprès de Madame *Hébert*. » Eh bien « lui dis-je, en l'abordant » Dieu sait si l'on a jasé sur notre

» Ami *Hébert* ! Je croyois trouver encore » ici cet Etranger. J'ai été défolé de ne » pouvoir entendre ce qu'il avoit à vous » dire ; j'efpère que vous voudrez bien » m'en faire part. La fanté, d'abord ? C'eft » le premier point. « » Fort bonne. « me répondit Madame *Hébert*, d'une voix qui fembloit me dire, *il devroit en faire un meilleur ufage.*

» Et toujours auffi impatient de revenir, » que nous de le revoir ? A-t-il fixé le jour » de fon départ ? «

» Cet Etranger dit qu'il ne parle point » de fon retour. Il faut prendre patience. « Puis, changeant tout-à-coup de converfation » Eh bien, Monfieur, irons-nous à » cette *Courfe* ? Avez-vous parlé à Madame » *Hervey* ? Sera-t-elle de la partie ? «

» Oui, Madame ; elle a promis ; la Courfe » fera brillante ; il paroit que le tems nous » favorifera ; je vais tout arranger en con» féquence. «

Je la quittai, très-content de voir que l'Ami *Dinhop* s'étoit admirablement acquitté de fa commiffion. Le lendemain, nous allames

lames à *Newmarket*, où nous paſſames quelques jours. Quoique les plaiſirs s'y ſuccédaſſent preſque ſans interruption, la pauvre *Hébert*, toute gonflée de ſoupirs, qu'elle étouffoit, & qui renaiſſoient ſans ceſſe, ne prenoit point à ces plaiſirs la part que je m'efforçois de l'y faire prendre. Je voyois qu'elle cherchoit plutôt à s'étourdir qu'elle ne s'amuſoit réellement. Souvent elle quittoit la compagnie; & lorſqu'elle reparoiſſoit, c'étoit avec un certain air de gaieté, qui n'étoit, viſiblement, que de commande. Je la ſurpris même dans un moment où elle eſſuyoit des larmes qu'elle n'avoit pu retenir; mais je ne fis pas ſemblant de m'en appercevoir. Que ces larmes, Monſieur, auroient été touchantes, ſi elles n'euſſent pas été auſſi ridicules!

De retour à *Londres*, Madame *Hébert* trouva chez elle une lettre de ſon Mari, qui vint, heureuſement, fortifier les ſoupçons que *Dinhop* avoit jetés dans ſon ame. Il lui diſoit, que des affaires imprévues le forçoient à prolonger ſon ſéjour à *Naples*. Quoiqu'il accompagnât cette nouvelle de ſes lamentations ordinaires, je compris, par les propos de Madame *Hébert*, que, loin de lui en tenir compte, elle ne les regardoit que comme un artifice pour cacher ses infidélités. En lui rendant la lettre d'*Hébert*, qu'elle m'avoit remise, je lui dis que j'étois aussi surpris qu'affligé de ce renvoi; que je n'imaginois pas quelle sorte d'affaires pouvoit en être la cause; qu'il falloit qu'elles fussent bien importantes, pour tenir son mari aussi long-tems éloigné d'elle. J'accompagnai ces mots d'un certain sourire, qui signifioit, que je dévinois la vraie cause du renvoi, mais que je la taisois par prudence.

Je ne vous détaillerai pas toutes les Observations que je fis sur Madame *Hébert*, pendant trois ou quatre semaines, depuis la réception de cette lettre; je vous dirai seulement, que je vis diminuer considérablement la tendresse pour le cher Mari, & que les choses en vinrent au point que nous n'en parlions presque plus.

Vous croyez, peut-être, Monsieur, après ce que je viens de vous dire, que le moment favorable ne tarda pas d'arriver ? Point du tout. J'étois ſouvent tenté de faire des entrepriſes, mais je voyois évidemment qu'elles ſeroient inutiles, & que je perdrois tout le fruit de mes peines, ſi, préalablement, je ne levois encore un obſtacle, le plus difficile à vaincre.

Les Actes de dévotion, qui, comme je vous l'ai dit, avoient été fort négligés, furent enfin totalement mis à l'écart. Non-ſeulement Madame *Hébert* n'aſſiſta plus au Culte Public, mais encore je vins à bout de lui faire perdre l'habitude de prier Dieu, en la tournant en ridicule le plus ſouvent qu'il m'étoit poſſible. Sa maiſon ne fut plus cette lugubre Chapelle, où l'on avoit vu, pendant long-tems, chaque Domeſtique déclamer, à ſon tour, l'Oraiſon du ſoir & du matin, & lire, avec un profond reſpect, un Chapitre du *Vieux* ou du *Nouveau Teſtament.* Tout, à cet égard, fut auſſi bien que je l'avois déſiré.

Lorſque je vis Madame *Hébert* ainſi préparée, je penſai qu'il falloit l'initier aux grands Myſtères de la *Philoſophie moderne*, afin de détruire le reſte de ſes Préjugés ſur ce qu'elle appelloit *Devoirs*, *Honnêteté*, *Fidélité Conjugale*, &c. Préjugés, que le Chriſtianiſme avoit gravé ſi profondément dans ſa tête, qu'elle en étoit encore idolâtre, malgré ſon Apoſtaſie & ſes ſoupçons ſur *Hébert*; préjugés, qui gênoient ſes penchans, lui laiſſoient des ridicules, l'empêchoient d'être une femme accomplie, & moi, le plus heureux des hommes. Voilà, Monſieur, le terrible obſtacle dont il me falloit encore triompher. Je n'avois pas cru qu'il pût me reſter autant à faire, après m'être débarraſſé de l'*Evangile*.

Je dois vous avouer, que lorſque je voulus entamer mon Cours de *Philoſophie*, je ne ſavois, ni par où je devois commencer, ni quelle méthode il me convenoit de ſuivre. Nos Ecrivains Modernes ſément, dans différens Ouvrages, leurs grands Principes, mais ils ne donnent point de Syſtême complet; ils ſe contentent de jeter çà-&-là des traits de lumière; & je penſe que ce ne ſera que lorſque les yeux y auront été inſenſiblement accoutumés, qu'ils feront briller, dans tout ſon éclat, le flambeau de la *Philoſophie.* Il me ſemble, au moins, qu'un d'entr'eux a dit, qu'ils envoyent, comme les Colombes de l'Arche, quelques Vérités à la découverte, pour voir ſi le déluge des préjugés ne couvre point encore la face du monde, ſi les erreurs commencent à s'écouler, & ſi l'on apperçoit dans l'Univers quelques Iſles où la Vérité puiſſe prendre terre, pour ſe communiquer aux hommes.

Afin de ſortir de l'embarras où je me trouvois, je choiſis parmi les *Vérités* éparſes dans les Ouvrages de nos Auteurs les plus célèbres, celles qui me parurent les plus propres à purger le Cerveau de Madame *Hébert* de ces triſtes Préjugés, dont nous étions, l'un & l'autre, la victime. Après avoir fait ce choix, lorſque nous étions tête-à-tête, j'amenois, comme par hazard, la converſation ſur celle de ces *Vérités* que j'avois en vue; je la développois; je l'appuyois, autant qu'il m'étoit poſſible, de ſes preuves; j'évitois les raiſonnemens, trop profonds, de la Métaphyſique; lorſque j'étois un peu embarrassé (car j'avouerai à mon Confesseur que je l'étois quelquefois) je cherchois à détourner la conversation ; & je l'égayois, lorsqu'elle devenoit trop sérieuse. En général, je tournois & retournois mes réflexions, jusqu'à ce que mon Ecolière me parût pleinement satisfaite, ou que je visse, du moins, qu'elle n'avoit plus rien à répondre. Le détail de tout ce qui se dit dans nos Entretiens seroit trop long ; je me contenterai de vous en faire un *Abrégé*, que je veux conserver ; il pourra me servir, & à mes amis, dans des cas où des Opinions anti-philosophiques pourroient nuire à nos intérêts & à nos plaisirs.

Je suis, &c.

SEPTIEME LETTRE.

J'Étois, Monſieur, à la Campagne avec Madame *Hébert*. Nous ſortimes de la maiſon, au lever de l'aurore, afin de jouir de la fraîcheur du matin. Après avoir parcouru des prairies émailliées de fleurs, nous nous arrètames ſur le haut d'une colline, au-deſſous de laquelle paſſoit la *Tamiſe*, dont l'œil ſe plaiſoit à ſuivre les innombrables détours. Mille accidens de lumière offroient un ſpectacle charmant par ſa variété. Nos oreilles étoient agréablement frappées du concert des oiſeaux, qui s'égayoient, aux premiers rayons du Soleil. La Nature ſembloit déployer devant nous toute ſa magnificence. Madame *Hébert*, après quelques momens d'extâſe, commençoit à m'entretenir de l'Agent inviſible que les hommes ont fait préſider à l'Univers; mais, ne voulant pas encore toucher à un ſujet trop au-deſſus de ſa portée, je l'acheminai, inſenſiblement, à me faire cette Queſtion, » Qu'eſt-ce que notre Ame? «

» Ce que c'eſt que notre Ame ? Savez-» vous, Madame, que cette queſtion » exerce, depuis bien des ſiècles, la ſaga-» cité des Philoſophes ? «

» Et l'ont-ils enfin réſolue ? «

» Ce n'eſt que depuis quelques années » qu'ils ſe ſont accordés..... Mais, je ne » ſais ſi je dois vous apprendre le réſultat » de leurs méditations & de leurs recher-» ches. Il eſt des préjugés, d'autant » plus chers qu'ils flattent l'amour pro-» pre...... Non ; je me tairai, s'il vous » plaît ! «

» Je croyois, Monſieur, avoir mérité.... «

» Pardon, Madame ! J'oubliois à qui j'ai » l'honneur de parler. Je vais vous répon-» dre. Le vulgaire s'imagine que l'*Ame* eſt » une petite perſonne renfermée dans notre » corps ; il appelle *eſprit* cette petite per-» ſonne, ſans ſavoir ce qu'eſt un *eſprit* ; » mais, à force de réflexions & d'expé-» riences, nos Philoſophes modernes ont » enfin découvert, que l'*Ame* n'eſt qu'un » *mot*, inventé par l'amour-propre, pour » élever l'homme au-deſſus de la matière

» & des animaux ; ils ont découvert que, » dans le vrai, l'ame n'eſt pas un être » diſtinct du corps, mais la matière même » du corps.... «

» La matière même du corps!... «

» Un moment, Madame! La matière » même du corps, qui, par une ſuite de » la nature, de l'arrangement & de l'éner- » gie des parties qui la compoſent, a des » idées, réfléchit, éprouve du plaiſir & » de la douleur. «

» Quoi, Monſieur! la matière penſe? » la matière ſent? la matière a du plaiſir?... «

» Un peu de patience, s'il vous plaît! » Les Philoſophes diſent encore, que » l'ame humaine eſt de la même pâte que » celle des *bêtes*.... «

» Des *bêtes*? Oh, Monſieur!.... «

» Oui, des *bêtes*; mais ils diſent auſſi, à » l'honneur de l'homme, que la nature a » varié les levains; que la différence de » l'organiſation fait la différence des ames.... «

» C'eſt-à-dire, qu'un homme d'eſprit.... «

» Fait de l'eſprit, comme le cheval, avec » ſon fer, tire du feu d'un caillou.....

» Vous riés, Madame ! Je ne vous dis cependant que la vérité. (J'avois, moi-même, bien de la peine à ne pas rire de ma comparaison.)

» Permettez que je ne m'en rapporte pas à la parole de vos *Philosophes*, & que je vous demande, comment ils prouvent, que notre raison, notre jugement, notre imagination, notre mémoire, tiennent tellement à l'organisation du corps, qu'elles ne sont que cette organisation même ? Tout cela me paroît si étrange, si plaisamment absurde, que je n'ai pu retenir un éclat de rire ; je vous en fais mes excuses. «

» Quelque respectable que soit l'autorité des *Philosophes*, je n'ai pas prétendu, que vous dussiez croire aveuglément à leur parole. «

» Ecoutons donc ! «

J'entrai en matière, &, du plus grand sang-froid, j'exposai à Madame *Hébert* ces subtiles Observations de nos Ecrivains. —— Qu'il y a autant d'esprits & de caractères differens, qu'il y a de tempéramens. —— Que le corps humain est une machine qui monte elle-même ses ressorts ; que, sans les alimens, l'ame languit, & meurt abattue. —— Que tel peuple a l'esprit lourd & stupide, & que tel autre l'a vif, léger, pénétrant ; ce qui ne peut venir que de la différence de nourriture & de ce cahos de divers élémens qui nagent dans l'immensité de l'air. —— Que les Anatomistes ont remarqué, que la forme & la composition du Cerveau des Quadrupédes est, à-peu-près, la même que dans l'homme ; qu'il y a la même figure, la même disposition ; avec cette différence essentielle, que l'homme est, de tous les animaux, celui qui a le plus de cerveau & le cerveau le plus tortueux, en raison de la masse de son corps. —— Qu'un de ces Anatomistes ayant disséqué le cerveau d'un imbécille, l'avoit trouvé plus petit qu'à l'ordinaire ; que ce même Anatomiste avoit observé, que le *Singe* est de tous les animaux celui dont le cerveau est le plus grand, rélativement à sa taille ; & que c'est pour cela qu'il est, après l'homme, celui qui a le plus d'intelligence. —— Que les personnes accoutumées à faire uſage de leurs facultés intellectuelles ont le cerveau plus étendu que les autres, comme les rameurs ont les bras plus gros que les autres hommes. —— Qu'avant l'invention des mots & la connoiſſance des langues, l'homme n'étoit qu'un animal de ſon eſpèce, qui, avec beaucoup moins d'inſtinct naturel que les autres animaux, n'étoit diſtingué d'eux que comme le Singe l'eſt lui-même, c'eſt-à-dire, par une phyſionomie qui annonçoit plus de diſcernement; mais que par les mots, les langues & les beaux-ars, le diamant brut de notre eſprit a été poli; qu'on a dreſſé un homme comme un animal; qu'on eſt devenu Auteur, comme Porte-faix; qu'un Géomètre a appris à faire des calculs, comme un Singe à ôter & mettre ſon chapeau. —— Que l'ame eſt ſujette, comme le corps, aux viciſſitudes que lui font ſubir les cauſes extérieures qui influent ſur lui; qu'elle jouit & ſouffre conjointement avec lui.

Ici, Madame *Hébert* m'interrompit bruſquement. Je crus que c'étoit pour me faire ces Objections ſi connues. —— » Que tout

» ce que je venois de lui dire ne prouvoit » que l'union du corps & de l'ame, & » l'influence de l'un sur l'autre. —— Qu'on » ne peut expliquer par des principes mé- » chaniques, comment, par exemple, un » mot insultant peut rendre un homme fu- » rieux ; comment un si grand effet peut » résulter d'une si simple cause. —— Que » souvent l'ame est très-saine, tandis que » le corps est attaqué d'une violente mala- » ladie. —— Qu'on a vu le cerveau dé- » truit peu-à-peu par des maladies, sans » que les facultés de l'ame en fussent al- » térées. —— Que quantité de gens con- » servent tout leur esprit jusqu'à leur der- » nier soupir ; &c. &c. «

Je me trompois. » Je suis « me dit-elle » » accablée du nombre de vos preuves, & » je ne reviens pas de ma surprise ; mais, » dites-moi donc, je vous prie, ce qu'il » y a dans le *corps*, qui forme proprement » l'*ame* ? «

» C'est, Madame, ce qu'il n'est pas aisé » de déterminer d'une manière précise. Voici » les conjectures d'un très-habile homme.

» L'ame d'une plante, de *Romarin*, par » exemple, ne consiste que dans une cer- » taine huile, essentielle à cette plante. La » vie & les effets du *Romarin* dépendent » de cette huile, qui n'est pas plutôt sé- » parée de la plante, par l'art des Chy- » mistes, que le reste n'est plus qu'un » corps mort. Cette huile essentielle est une » substance grasse, qui contient un sel ex- » trêmement volatil. Ce sel est, propre- » ment, l'essence de l'ame de la plante, » contenant toute sa vertu, de façon que » le moment où elle en est privée est le » moment de sa mort. De-même, Madame, » dans ce composé qu'on appelle *homme*, » l'ame, ou l'huile essentielle, est expri- » mée, ordinairement, par le nom *d'esprits-* » *animaux*. Car il faut que vous sachiez, » que tous les Chymistes sont d'accord, » que les esprits ne sont que des parties » huileuses extrêmement subtiles. Or, à » proportion que l'huile essentielle à l'hom- » me est plus subtile que celle des plantes, » le sel volatil, dont cette huile est im- » prégnée, est plus en liberté d'agir. Ce

» qui rend raiſon de ces actions qui ſemblent élever l'homme au-deſſus des autres animaux. Cette même vérité ſert à expliquer, pourquoi, parmi les Sages anciens, l'eſprit étoit déſigné par le mot de *Sel*; & pourquoi, de notre tems, les diſcours d'un ſot ſont appellés *inſipides*. Des huiles aromatiques, mûries par le tems, ſe changent en ſel; de-là vient que le genre-humain devient plus ſage en vieilliſſant. «

» Plus ſage en vieilliſſant! Cela n'eſt pas, je crois, bien démontré! .... Quoiqu'il en ſoit, Monſieur, c'eſt donc *l'huile eſſentielle* qui conſtitue proprement *l'ame*? «

» Selon d'autres *Philoſophes*, un certain *principe* que l'on appelle *igné*, & que les Chymiſtes ont déſigné ſous le nom de *phlogiſtique*, ou de *matière inflammable*, eſt celui qui, dans l'homme, lui donne le plus de vie & d'énergie, qui procure le plus de reſſort, de mobilité, d'activité à ſes fibres, de tenſion à ſes nerfs, de rapidité à ſes fluïdes. De ces cauſes

» matérielles nous voyons communément » résulter les dispositions, ou facultés, que » nous nommons *sensibilité*, *esprit*, *imagi-* » *nation*, *génie*, *vivacité*, &c. qui donnent » le ton aux passions, aux volontés, aux » actions morales des hommes. Dans ce » sens, c'est avec justesse que l'on dit, » *chaleur* d'ame, imagination *ardente*, *feu* » du génie. «

» Etes-vous, Monsieur, pour le *prin-* » *cipe igné*, ou pour *l'huile essentielle*? «

» Comme il vous plaira! Ce ne sont-là » que d'heureuses conjectures; mais ce » qu'il y a de certain, c'est que le corps » & l'ame ne sont qu'une seule & même » chose. «

» Une seule & même chose! J'ai peine » à me faire à cette idée.... Car... enfin, » Monsieur, si l'esprit tient à ce que vous » appellés *l'organisation*, pourquoi l'homme » n'a-t-il pas de l'esprit, au moment où il » voit le jour? Pourquoi est-il alors si » imbécille que, sans mille soins continuels, » il périroit infailliblement, tandis que les

» animaux,

» animaux, à peine éclos, montrent tant » de ſagacité? «

» Cette Queſtion m'embarraſſa un mo» ment. Je m'en tirai cependant mieux que » je n'oſois l'eſpérer. Remarquez « dis-je à Madame *Hébert* » que les animaux, ve» nant au monde, ont déja paſſé dans le » ventre de leur mère un long tems de » leur courte vie. De-là vient qu'ils ſont » ſi formés qu'un Agneau d'un jour, par » exemple, court dans les prairies, & broute » l'herbe, comme père & mère. L'état de » l'homme, dans le ſein de ſa mère, eſt » proportionnellement moins long; il n'y » paſſe qu'une vingt-cinquième poſſible de » ſa longue vie; or, n'étant pas aſſez formé, » il ne peut penſer; il faut que les organes » aient eu le tems de ſe durcir, d'acquérir » cette force qui doit produire la lumière » de l'eſprit; par la même raiſon qu'il ne » ſort point d'étincelles d'un caillou, s'il » n'eſt dur. Pour former un diſcernement » tel que le nôtre, il falloit plus de tems » que la nature n'en employe à la fabri» que de celui des animaux; il falloit paſ-

» ſer par l'enfance pour arriver à la Raiſon ; » il falloit avoir les déſagrémens & les peines » de l'animalité, pour en retirer les avan- » tages qui caractériſent l'homme. «

» Oui « dit Madame *Hébert*, dans la contenance d'une perſonne qui médite » Oui... » je vous entens .... le cerveau ..... s'il n'a » pas .... une certaine conſiſtance .... ne » produit .... pas plus d'idées .... que le » caillou ne donne d'étincelles, s'il n'a pas » une certaine dureté .... Fort bien, Mr. ! » Mais comment arrive-t-il, que du plus » ou moins de conſiſtance du cerveau dé- » pende la formation des idées ? J'avoue que » je ne puis pas le comprendre. «

» C'eſt-là, Madame, un ſecret que la » nature voudroit ſe réſerver ; mais la *Phi-* » *loſophie* ne tardera pas à le lui arracher ; » je vous en réponds. «

» En attendant, Monſieur ; ſi la penſée » eſt le réſultat d'une certaine combinaiſon » des parties du corps, il me ſemble qu'on » pourroit dire, des *penſées couleur-de-roſe*, » des *penſées violettes*, des *réflexions rondes*, » *quarrées*, *ovales* ? «

» Pourquoi non, Madame ? Une pensée » *violette*, *triangulaire*, n'a rien de plus » singulier qu'une *pensée ingénieuse*. Celle-là » ne vous étonne que parce que vous » n'avez pas été accoutumée à joindre au » mot *pensée* celui de *verte*, celui de *ronde*, » comme vous l'avez été à y joindre celui » de *délicate*, ou d'*ingénieuse*. Pur effet de » l'habitude ! «

» Je serois fort curieuse de voir une » pensée *lila* !... Mais, permettez-moi de » vous demander encore, quels sont, des » hommes *grands* ou *petits*, *gras* ou *maigres*, » *bilieux* ou *sanguins*, *effilés* ou *épais*, ceux » qui ont le plus d'aptitude à *l'esprit* ?... » Vous croyez, peut-être, que je plaisante, » parce que vous me voyez sourire ? «

» Non, Madame, je ne le crois pas ; » votre question est très-naturelle. « (J'avois cependant, moi-même, quelque peine à garder mon sérieux) » Je vous » dirai donc, qu'on n'a pas pu, jusqu'à » présent, déterminer, par aucune obser» vation exacte, l'espèce de tempérament » le plus propre à former les gens d'esprit ;

» mais on va à grands pas à cette inté-
» ressante découverte. On a déja trouvé
» les raisons pour lesquelles les bêtes n'ont
» pas autant d'esprit & d'industrie que
» l'homme. «

» Oh ! Apprenez-moi ces raisons. «

» La différence « continuai-je (en étendant un peu plus mes observations que je ne vais le faire) » la différence de la bête
» à l'homme vient 1°. De ce que toutes les
» pattes des animaux étant terminées, ou
» par de la corne, ou par des ongles, ou
» par des griffes, ils sont privés non-seu-
» lement, presqu'en entier, du sens du
» *tact*, mais encore de l'adresse nécessaire
» pour faire aucune des découvertes qui
» supposent des mains. 2°. De ce que la
» vie des animaux étant plus courte, en
» général, que la nôtre, ils ne peuvent
» pas faire autant d'observations, ni, par
» conséquent, avoir autant d'idées que
» l'homme. 3°. De ce que les bêtes, étant
» mieux armées & mieux vêtues que nous,
» ont moins de besoins, & doivent, par
» conséquent, avoir moins d'idées. 4°. De

» ce que les animaux ne forment qu'une » Société fugitive devant l'homme, qui, » par le ſecours des armes qu'il s'eſt for- » gées, s'eſt rendu redoutable aux plus forts » d'entr'eux. 5°. Enfin, de ce que l'homme, » étant l'eſpèce d'animal la plus multipliée » ſur la terre, cet animal-là doit avoir » néceſſairement plus d'idées que tout » autre. «

Madame *Hébert* m'interrompit pluſieurs fois pour m'objecter. —— Que ſi la *Société* donne des idées à l'homme, les bètes en ont auſſi de rélatives à leur genre de vie ; ce qui doit former deux ſommes d'idées à-peu-près égales. —— Que ſi la durée, plus ou moins longue, de la vie, fait que l'on a plus ou moins d'idées, les Cerfs, les Corbeaux, & les Carpes, qui ſont les Vieillards de leur eſpèce, devroient en avoir plus que l'homme. —— Que la guerre que l'homme fait aux bêtes, en donnant lieu à celles-ci de chercher des reſſources contre leurs ennemis, doit néceſſairement multiplier leurs idées. —— Que, ſi les animaux n'ont pas des mains, ils ſont cependant des ouvrages que l'homme admire ; témoin le travail des Abeilles & des Caſtors ; &c. Je ne m'étois pas attendu à ces objections, de la part de Madame *Hébert* ; & comme je l'embarraſſois par mes Réponſes, » Quoiqu'il en ſoit « me dit-elle » la parole » manque aux animaux ; & ce privilège ac- » cordé à l'homme montrera toujours ſon » excellence & ſa ſupériorité. «

» Eh, Madame ! Qui prive les animaux » du don de la parole ? Un rien, peut-être ! » un vice très-léger dans l'organe, & qui » n'eſt pas tellement de confotmation qu'on » n'y puiſſe apporter aucun remède. Je ſuis » convaincu que ſi l'on choiſiſſoit un *Singe* » (animal qui nous reſſemble ſi fort qu'on » l'a appellé *homme ſauvage*, ou *homme des* » *bois*) qui ne fût ni trop jeune, ni trop » vieux, qui eût la phyſionomie ſpirituelle » & qu'on le remît entre les mains d'un » bon maître, je ſuis, dis-je, convaincu, » qu'avec de la patience, on viendroit enfin » à bout de le faire parler. «

» Quoi, Monſieur ! De parler ? Et de » parler à propos ? Vous m'obligeriez beau-

» coup, ſi vous me procuriez un quart-» d'heure de converſation avec un *Singe.* «

» Le Comte *Maurice de Naſſau* eut ce » plaiſir-là, au Bréſil, avec un Perroquet, » qui répondoit à toutes les queſtions qu'on » lui faiſoit en Bréſilien.... Ne bornons point » les reſſources de la nature ; elles ſont » infinies, ſur-tout aidées de l'art. Faites » réflexion, je vous prie, que ſi les hom-» mes parlent, ils n'ont pas toujours parlé. » Tant qu'ils n'ont été qu'à l'école de la » nature, des ſons inarticulés ont été leur » langage. On aſſure qu'il n'y a pas long-» tems que les *Chichiméques* n'avoient pour » paroles que des ſifflemens. «

» Les.... *Chichiméques*.... dites-vous ? «

» Oui, Madame ! Je prens mes exemples » le plus près de la nature qu'il m'eſt poſ-» ſible. Ces *Chichiméques* ſont des Sauvages » de l'Amérique. Mais ce n'eſt pas tout. » Qui ſait ſi les animaux ne ſont point plus » raiſonnables que raiſonneurs, & ſi, comme » bien des gens, ils n'aiment pas mieux ſe » taire que de dire des ſottiſes ? Songeons, » que le plaiſir, le bien-être, leur propre

» conſervation, eſt le but où tendent tous
» les reſſorts de leur machine. Peut-être,
» pour obtenir ce but, n'ont-ils pas trop
» de toutes leurs facultés intellectuelles, &
» de toute la circonſpection dont ils ſont
» capables. Dans ce cas, ils garderoient in-
» térieurement, commme un tréſor dont il
» n'y a rien à perdre, rien à évaporer,
» toutes les penſées qui leur paſſent par la
» tête. «

» Vous leur donnez un degré de pru-
» dence qui leur feroit beaucoup d'hon-
» neur; mais ſi je le leur accorde, j'eſ-
» père que, de votre côté, vous convien-
» drez avec moi, que l'homme ſeul a la
» connoiſſance du bien & du mal.... «

» Non, Madame, je n'en conviendrai
» pas, s'il vous plaît; à moins que vous
» ne vouliez que je vous en faſſe la poli-
» teſſe. Eh, que penſeriez-vous, ſi je vous
» diſois, qu'un *Philoſophe*, qui a long-tems
» vécu avec les bêtes, aſſure que la Morale
» des *Loups* pourroit ſervir à éclairer celle
» des hommes?.... «

» La Morale des *Loups*! «

» Oui, Madame, la Morale des *Loups*. » Ecoutés, je vous prie. L'expérience, » sans laquelle on peut tout rejeter, nous » a-t-elle convaincu que l'homme seul a été » éclairé d'un rayon refusé à tous les ani- » maux ? Si elle ne l'a pas fait, nous ne » pouvons pas plus connoitre par elle ce » qui se passe dans les bètes, & même » dans les hommes, que ne pas sentir ce » qui affecte l'intérieur de notre être. «

» Il faut donc consulter l'expérience.... «

» Oui, Madame, & c'est ce que je vais » faire. Le Chien qui a mordu son maître » qui l'agaçoit, a paru s'en repentir, le mo- » ment suivant; on l'a vu triste, fâché, » n'osant se montrer, & s'avouant coupa- » ble par un air rampant & humilié. L'His- » toire nous parle d'un Lion, qui ne vou- » lut pas déchirer un homme abandonné à » sa fureur, parce qu'il le reconnut pour » son bienfaiteur. Je le demande donc. Un » Etre qui s'attache par les bienfaits, qui » se détache par les mauvais traitemens; » un être d'une structure semblable à la » nôtre, qui fait les mêmes opérations,

» qui a les mêmes douleurs, les mêmes » plaiſirs, un tel être ne montre-t-il pas » clairement, qu'il ſent ſes torts & les » nôtres, qu'il connoît le bien & le » mal? «

» Et cette connoiſſance eſt plus ou moins » grande? «

» Sans doute! *L'Ane*, par exemple, ne » paroît pas en avoir autant que le *Cheval*. » Cela dépend du plus ou du moins de » reſſorts dans la machine, de ſubtilité » dans le ſang, de fineſſe dans l'organiſa- » tion. Avez-vous encore, Madame, quel- » que objection à me faire? «

Ici, la bonne *Hébert*, plus embarraſſée que convaincue, s'écria » *La matière a des* » *idées*! *La matière a de la douleur ou du* » *plaiſir*! *La matière ſe rappelle le paſſé*, *fixe* » *le préſent*, *prévoit l'avenir*!... Pardon, » Monſieur; je ſens toute la force de vos » raiſons, mais j'ai de la peine à m'y » rendre! «

» Je le comprens, Madame; l'empire des » préjugés eſt tel... « Puis, tout-à-coup, voulant égayer la converſation, je dis à mon Ecolière, que si *Sophi* (son petit chien, qu'elle caressoit sur ses genoux) au lieu de *pattes* avoit eu des *mains*, il auroit déja, vû sa physionomie spirituelle, composé un *Poëme Epique*, & il seroit membre des plus célèbres Académies. Elle me répondit, qu'il est étonnant, que nous n'ayons pas, au moins, quelque *Madrigal*, ou quelque *Rondeau*, de la façon d'un *Singe* ou d'un *Perroquet*. Cela donna lieu à d'autres plaisanteries de ce genre, qui terminèrent notre premier Entretien.

Je me retirai, très-content de ce que Madame *Hébert* paroissoit admettre un *principe* dont l'orgueil de l'homme ne s'accommode point, & duquel découlent des conséquences, qui alloient merveilleusement à mon but. Elles sont si naturelles ces conséquences, que j'espérai que quelques-unes se présenteroient, d'elles-mêmes, à mon Ecolière, dont l'esprit débarrassé des *entrâves évangéliques*, avoit acquis une sagacité singulière.

» Je me suis occupée « me dit-elle, au sortir de table, le soir même de notre pre-

mier Entretien philoſophique » de ce qui a
„ fait, ce matin, le ſujet de notre con-
„ verſation. Je n'ai pas ſçu vous répondre;
„ mais, franchement, tout cela m'a donné
„ de l'humeur. Je n'aime point que notre
„ ame ſoit de la même pâte que celle d'un
„ *pourceau*, quelque différence que vous
„ ſuppoſiez dans les levains. Les *Philo-*
„ *ſophes* ne s'en font-ils pas auſſi quelque
„ peine? «

„ Ils voudroient bien pouvoir dire, avec
„ l'orgueilleux Théologien, que l'*Ame eſt*
„ *un être diſtinct du corps*, *un eſprit pur*,
„ *un rayon émané de la Divinité*; ils vou-
„ droient pouvoir réaliſer cette chimère que
„ l'on a appellé la *Dignité de la nature hu-*
„ *maine*; mais, Madame, la *Vérité* eſt le
„ grand objet des vœux des *Philoſophes*! S'ils
„ ne cherchent ni ne forgent exprès leur
„ doctrine, s'ils la rencontrent, en quelque
„ ſorte, ſi elle ſe trouve comme ſur leurs
„ pas, ils ſont forcés de l'admettre; & ils
„ s'y tiennent, quelque déſagréable qu'elle
„ puiſſe leur paroitre. Se donnant, d'ail-
„ leurs, & avec raiſon, pour les *Précepteurs*

„ *du Genre-humain*, ils doivent fonder leurs „ Syſtèmes ſur la vérité, ſur la nature „ des choſes, s'ils ne veulent pas bâtir ſur „ le ſable. «

„ C'eſt-à-dire, qu'ils font le ſacrifice de „ leur amour-propre à la *Vérité*? «

„ Précisément! Et il ſeroit bien à ſouhaiter qu'on les prît pour modèle, à cet „ égard, comme à tant d'autres! «

„ Mais ne rendroient-ils pas ſervice à „ l'homme, en lui laiſſant croire, qu'il diffère de la brute, par une ame ſpirituelle, „ intelligente?.... «

„ Tromper l'homme, pour le ſervir! Non, „ Madame, un *Philoſophe* ne pourra jamais „ s'y réſoudre! «

„ Il faudra donc me réſoudre, moi, à „ n'être qu'une eſpèce de machine penſante?.... «

„ Et artiſtement fabriquée! « lui dis-je, en lui ſerrant involontairement la main, & retirant auſſi-tôt la mienne „ Mais Madame, „ ce n'eſt pas-là le ſeul ſacrifice que les „ *Philoſophes* faſſent courageuſement à la „ *Vérité*! Non-ſeulement, ils avouent que

„ l'homme ne différe de l'animal que par „ l'organifation ; que c'eft d'elle feule que „ vient la différence qu'il y a entre *Mil-* „ *ton* & une *Taupe*, entre *Newton* & une „ *Huitre*.... «

„ Et que peuvent-ils faire de plus? «

„ Je vais vous l'apprendre. Ceux qui ont „ prétendu que l'ame étoit diftincte du corps, „ ont auffi cru, qu'elle pouvoit régler fes „ opérations, déterminer fes volontés par „ elle-même ; en un mot, ils ont cru que „ l'homme étoit *libre*. «

„ Et les *Philofophes* prétendent-ils qu'il „ ne le foit pas? Cela me paroîtroit fort „ étrange! «

„ Doucement, Madame, s'il vous plaît ; „ écoutés les raifons des *Philofophes*! Nous „ ne fommes pas libres « difent-ils » parce „ que notre volonté eft néceffairement dé- „ terminée par la qualité, bonne ou mau- „ vaife, agréable ou défagréable, de l'objet „ ou du motif qui agit fur nos fens, ou „ dont l'idée nous refte & nous eft fournie „ par la mémoire. En tout cela nous agif-

„ ſons toujours ſuivant des loix néceſſaires.
„ M'entendez-vous, Madame? «

„ Pas trop! expliquez-vous par quelque
„ exemple. «

„ Volontiers. Lorſque, tourmenté d'une
„ ſoif ardente, je me figure en idée, ou
„ j'apperçois réellement une fontaine dont les
„ eaux pures pourroient me déſaltérer, ſuis-
„ je maître de déſirer ou de ne point dé-
„ ſirer l'objet qui peut ſatisfaire un beſoin ſi
„ vif dans l'état où je ſuis? «

„ Non, ſans doute. Mais, ſi l'on vous
„ dit, en ce moment, que l'eau que vous
„ déſirez eſt empoiſonnée; malgré votre ſoif,
„ ne vous en abſtiendrez-vous pas? Et
„ n'en conclurai-je pas, avec raiſon, que
„ vous êtes *libre*? «

„ Point du tout! Car de-même que la
„ ſoif me déterminoit néceſſairement à boire,
„ avant que de ſavoir que cette eau fût
„ empoiſonnée, de même cette nouvelle dé-
„ couverte me détermine néceſſairement à ne
„ pas boire. «

„ Mais ſi votre ſoif étoit bien ardente,
„ ne pourriez-vous pas, ſans avoir égard

„ au danger, risquer de boire cette eau? «

„ Dans ce cas, la première impulsion „ reprendroit le-dessus, & me feroit agir „ nécessairement, vû qu'elle se trouveroit „ la plus forte. «

„ Mais la volonté étant en moi, les „ motifs étant à mon choix, n'ayant sur „ moi que l'influence que je consens qu'ils „ aient, ne suis-je pas libre par-là-même? „ D'ailleurs, Monsieur, je sens, à n'en „ pouvoir douter, que je suis libre; ne „ sentez-vous pas aussi que vous l'êtes? «

Charmé qu'elle n'insistât pas sur son premier raisonnement, je me hâtai de lui dire: „ Défiez-vous, Madame, du sentiment in„ térieur! Nous croyons être *libres*, parce „ que nous croyons *délibérer*; & nous som„ mes dans l'erreur. Nous pensons que „ nous *délibérons*, lorsque nous avons, par „ exemple, à choisir entre deux plaisirs „ à-peu-près égaux, presque en équilibre; „ mais, dans la réalité, nous ne faisons „ alors que prendre pour délibération, la „ lenteur avec laquelle, entre deux poids

„ à-peu-

» à-peu-près égaux, le plus pesant emporte un des bassins de la balance. «

» Les *Philosophes* croyent donc (si je vous » ai bien compris) que le plaisir agit sur » l'homme, comme un chardon frais & » tendre agit sur un *Ane*? Passez-moi la » comparaison. «

» Elle est très-juste, très à sa place. » Nous sommes toujours déterminés nécessairement.

» Cependant, Monsieur, voilà ma main; » je veux la remuer; je la remue; je veux » la tourner à droite & non pas à gauche; » ma volonté s'exécute. Je veux rester au» près de vous; j'y reste. Ne sont-ce » pas là des preuves, de fait, d'une entière » liberté? «

» Non, Madame! Quelque motif, ap» parent ou secret, nous détermine toujours. » Je n'ose pas me flatter que, dans cette » occasion, le plaisir de m'entendre agisse » sourdement, pour vous faire rester auprès » de moi..... «

» Et si je me retirois à l'instant, ne vous » prouverois-je pas que je suis libre? «

» Le plaisir de la malignité, ou quelque » autre motif, seroit le plus fort. «

» Mais combien de fois n'arrive-t-il pas » que l'on agit contre son inclination ? Cela » ne prouve-t-il pas qu'on est libre ? «

» Non, Madame. Lorsqu'un homme semble agir contre son inclination, il y est » déterminé par quelque motif nécessaire, » assez fort pour vaincre son inclination. «

» Et comment donc faudroit-il que l'homme fût fait, pour qu'il fût *libre* ? Et, » s'il l'étoit, quelle preuve plus forte pourroit-il en avoir, que le *sentiment* intime » de sa liberté ? «

» Comment il faudroit que l'homme fût » fait pour qu'il fût *libre* ? Il faudroit.... » qu'il ne.... fût déterminé.... par aucun » motif.... «

» Mais, alors, il n'agiroit jamais ! « » Il n'agiroit jamais ? dites-vous. «

» Non, sans doute ! Il suivroit même de » ce que vous avancés, qu'il seroit impossible qu'il existât un Etre doué d'intelligence & de raison, & qui le fût aussi de » liberté. «

N'ayant pas de réponse prète à cette Objection (qui mérite d'ètre examinée) je feignis de ne l'avoir pas entendue. » Vous » parliez « dis-je à Madame *Hébert* » du » *sentiment intime* ; dans combien d'occasions » ne nous trompe-t-il pas ? Dans le sommeil, » par exemple, ne nous persuade-t-il pas l'exis- » tence de mille chimères ? « Puis, tout-à-coup, je me jetai sur les *Songes* ; j'en racontai quelques-uns, bien extravagans, qui firent oublier à Madame *Hébert*, sa dernière question ; & comme il étoit minuit, nousnous séparames, en nous souhaitant d'heureux rèves.

Le lendemain, je fus fort agréablement surpris d'entendre dire à Madame *Hébert*, lorsque je l'abordai : » C'est, sans doute, Monsieur, » le plaisir qui vous amène ; j'aime du » moins à croire, que c'est-là le poids le » plus pesant, qui a emporté un des bassins » de la balance. «

» Fort bien, Madame ! à ravir ! J'admire » votre facilité à saisir des sujets tout nou- » veaux pour vous ! Vous n'avez point eu » besoin, comme moi, de lectures réitérées » & de profondes méditations. La Nature

» vous a merveilleusement organisée ! «

» *Organisée* ! J'avoue que j'ai encore quel-
» que peine à me faire à cette façon de
» parler, quelque *philosophique* qu'elle puisse
» être. «

» Cela viendra, Madame ! Mais il est cer-
» tain que votre pénétration est si grande,
» que je parierois que vous avez déja vu,
» de vous-même, la conséquence qui ré-
» sulte de ce que *l'homme n'est pas libre*,
» rélativement à ce qu'on appelle *Vice* &
» *Vertu* ? «

» Vous perdriez, Monsieur ; vous avez
» de moi une opinion trop avantageuse.
» Quelle est, je vous prie, cette Consé-
» quence ?

» Un instant de réflexion, & je suis sûr
» que vous auriez vu que, l'homme n'étant
» pas libre, la convention seule fait tout le
» mérite & le démérite de ce qu'on appelle
» *vice & vertu*. «

» Expliquez-vous mieux ! « me dit Madame *Hébert*, qui avoit l'air d'être scandalisée de ce qu'elle soupçonnoit que je voulois lui dire. Je fus, d'abord, tenté de tourner la conversation sur un autre sujet, mais prenant courage » Croyez-vous « lui dis-je » qu'une pierre, qui, en tombant, » brise la tête d'un homme, puisse être » taxée d'avoir fait une *action criminelle?* «

» Non, sans doute! «

» Eh bien, s'il n'y a pas plus de liberté dans » l'homme que dans la pierre, sur quel » fondement direz-vous de telle ou telle » action, qu'elle est *bonne* ou *mauvaise*, » *vertueuse* ou *criminelle?* «

» Vous m'embarrassez « me dit Madame *Hébert*, après avoir réfléchi un instant » mais » ce qui me fait croire, que c'est igno- » rance de ma part, c'est qu'il suivroit de » ce que vous dites, qu'il n'y a en soi ni » *vice*, ni *vertu*. Conséquence qui me ré- » volte; je vous parle avec franchise. «

» Conséquence inévitable, & qui, d'ail- » leurs, ne peut étonner, que parce qu'on » ne raisonne pas assez d'après l'expérience » & l'observation. N'avez-vous pas remar- » qué, Madame, en lisant l'Histoire, ou les » Rélations des Voyageurs, que ce qui est » juste au *Nord*, est injuste au *Midi*? Le

» *Vol*, par exemple, permis à *Lacédémone*, » étoit regardé chez les *Scythes* comme le » plus grand des crimes. Aujourd'hui, il » eſt en honneur au Royaume de *Congo*, » pourvû qu'il ſoit fait de force. Dans l'*Indouſtan*, c'eſt un Acte de vertu que de » livrer ſa fille à des *Faquirs*. Au Royaume » d'*Angola*, le Mari peut vendre ſa femme, » le père ſon fils, & le fils ſon père. Au » Royaume de *Batiména*, toute femme, de » quelque condition qu'elle ſoit, eſt forcée, » ſous peine de mort, de céder à l'amour » de quiconque la déſire. En voilà, je penſe, » plus qu'il n'en faut, Madame, pour vous » convaincre, que le *Vice* & la *Vertu* ſont » une choſe purement verſatile & changeante comme les Climats? .... «

» Vos exemples, Monſieur, ne ſont preſque tirés que de Nations barbares. «

» Ils n'en ſont que plus forts. Ces Nations étant encore, pour-ainſi-dire, dans » l'état de nature, il y auroit plus d'uniformité dans leur manière d'enviſager les » actions humaines, ſi tout, à cet égard,

» n'étoit pas arbitraire & fait de main
» d'hommes. «

» Mais, combien d'actions sur lesquelles
» il n'y a qu'une manière de penser! Con-
» noissez-vous une seule Société dans le
» monde, où l'on n'admette pas, générale-
» ment, une différence entre la vérité &
» le mensonge, la fidélité & la perfidie, la
» reconnoissance & l'ingratitude? Connois-
» sez-vous un Peuple, pour qui, poignar-
» der son père & l'assister dans ses besoins,
» soit une seule & même chose? «

» Non, Madame! « répondis-je hardiment, quoique, je l'avoue, un peu embarrassé » Non, sans doute, je n'en connois
» point; mais, qu'est-ce que cela prouve?
» L'habileté des Législateurs. Ils ont si
» bien fait, qu'ils sont venus à bout de
» fixer la manière de penser du Public sur
» les différens objets dont vous venez de
» parler. L'habitude de les voir sous ce
» point de vue s'est tellement fortifiée par
» le tems, qu'aujourd'hui elle semble natu-
» relle à ceux qui n'ont pas des yeux *phi-
» losophes*. Mais, Madame, la *Vérité* ne

» connoit point de prefcription, & l'erreur
» n'en eft pas moins *erreur*, pour être gé-
» néralement répandue. «

» Il pourroit donc arriver, que tel, qui,
» dans un pays, eft un très-*honnête-homme*,
» dans un autre, feroit un *Coquin* ? Sa
» Vertu tiendroit à la portion du Globe où
» il feroit fon féjour ? «

» Sans doute, Madame ! «

» Et que deviendroit la Société, fi chacun
» penfoit que *tout eft arbitraire & fait de*
» *main d'hommes* ? Cela me paroît de la plus
» dangereufe conféquence. «

» Auffi n'ai-je pas avancé, qu'il convînt
» de détromper le *Vulgaire* fur ce fujet. Les
» Légiflateurs, connoiffant bien l'Animal
» qu'ils avoient à gouverner, ont eu leurs
» raifons, lorfqu'ils ont fait appeller *vicieu-*
» *fes* ou *vertueufes*, des actions qui, en
» elles-mêmes, font *indifférentes*. A cet
» égard, ce qu'on appelle *Morale* n'eft
» autre chofe que la *Politique*. Et que font
» les *Philofophes* ? Entrant dans les vues des
» Légiflateurs, rélativement au Peuple, à
» ces hommes dont l'efprit eft une enfance

» continuelle, & que l'on a si bien nom-
» més, des *Préjugés ambulans*, les Philoso-
» phes s'expriment de manière à ne pas
» désabuser cette espèce de gens, la plus
» nombreuse de toutes. «

» Ils trompent donc le peuple pour le ser-
» vir? Cependant, vous me disiez, hier,
» que les Philosophes ne pouvoient jamais
» se résoudre à de pareilles tromperies? «

» *Jamais*, étoit un peu fort. Il est des
» cas, rares, à la vérité, où les Philoso-
» phes se font une violence nécessaire; mais
» leur condescendance n'empêche pas qu'il
» ne soit vrai, que *tout est arbitraire.* «

» Et s'ils voient que la *Morale*, qu'ils
» regardent, à ce que je comprens, com-
» me le Roman des Législateurs, ne s'ac-
» corde pas avec leurs intérêts, comment se
» conduisent-ils? «

» Ils se prévalent de la superiorité de
» leurs lumières, &, à moins de mal-adres-
» se, ils ne font jamais rien qui leur soit
» préjudiciable. Sans cela autant vaudroit
» ramper avec le *Vulgaire*! «

Je vis, à l'air de Madame *Hébert*, que

je m'étois un peu trop avancé ; mais le pas étoit fait ; il falloit m'en tirer. » L'intérêt « me dit-elle » eſt donc le grand mobile de » la conduite des *Philoſophes ?* En vérité, » Monſieur, vous ne leur faites pas trop » d'honneur ! «

» Trop d'honneur ! Et penſez-vous qu'*in-* » *térêt* & *vertu* ne ſoient pas ſynonimes ? » Ne vous y trompés pas ! Ce qu'on ap- » pelle *Probité* n'eſt que l'*habitude des ac-* » *tions utiles.* La Vertu, ou ce qui en » porte le nom, la Vertu eſt néceſſairement » fondée ſur l'intérêt perſonnel..... «

» Sur l'intérêt perſonnel ? «

» Oui, Madame ! Et quel autre motif » pourroit déterminer un homme à des ac- » tions généreuſes ? Il lui eſt auſſi impoſ- » ſible d'aimer le bien, pour le bien, que » d'aimer le mal, pour le mal. «

» C'eſt-à-dire, que l'homme *vertueux*.... «

» Eſt un homme qui a ſans ceſſe devant » les yeux l'intérêt qu'il a de s'attirer l'af- » fection, l'eſtime & les ſecours des autres, » ainſi que le beſoin de s'aimer & de s'eſ- » timer lui-même ; rempli de ces idées,

» devenues habituelles en lui, il s'abſtient » même des crimes qui l'aviliroient à ſes » propres yeux ; il reſſemble à un homme » qui, ayant, dès l'enfance, contracté l'ha- » bitude de la propreté, ſeroit péniblement » affecté de ſe voir ſouillé, lors-même que » perſonne n'en ſeroit le témoin. «

» Ainſi donc ce que l'on appelle *Juſtice*, » *Sobriété*, *Modeſtie*..... «

» Madame ! L'homme *juſte* craint qu'on ne » le dépouille de ſon bien. L'homme *ſobre* » aime ſa ſanté. L'homme *modeſte* veut » vous fournir un nouveau trait, lorſque » vous ferez ſon éloge. L'homme *poli* veut » être recherché de ceux qui le connoiſſent. » L'homme *généreux* ſatisfait ſa vanité ou » ſon plaiſir. En un mot, toutes les *vertus* » ne ſont que l'intérêt perſonnel déguiſé ; » & les plus délicates ne ſont que de plus » grands rafinemens d'amour-propre. «

» Vous m'attriſtez, Monſieur ! Il faudra » donc que je déſavoue tous les éloges que » j'ai donné à ce que je regardois comme » des *vertus* ? «

» Cela pourra, d'abord, vous faire quelque

» peine. On n'aime pas à rabattre de la » bonne opinion qu'on avoit d'un parent » ou d'un ami ; mais j'ose vous prédire, » que vous ne tarderez pas à vous faire un » amusement de réduire à sa juste valeur » telle ou telle action, fort exaltée par les » Sots, qui s'arrêtent toujours aux appa- » rences. Quand on voit quelque Ouvrage » de Méchanique, dont le peuple est émer- » veillé, on se plaît à découvrir le ressort » qui fait crier au miracle. Les hommes » sont des marionnettes ; le Sage rit du fil » qui les fait mouvoir. «

» Cela pourroit être agréable, si le fil fai- » soit plus d'honneur aux marionnettes. «

» Eh qu'importe, quelque soit le ressort » d'une machine ! Il me suffit que son jeu » m'amuse. Vous connoissez Madame *Fergu-* » *son ?* Je ris toutes les fois que j'entens » vanter sa fidélité conjugale. « (Je détournai les yeux.)

» Je ne vois pas qu'il y ait là de quoi » rire ! «

» Parce que vous ne voyez pas, que » cette fidélité n'est qu'un attachement plus

» fort à sa réputation qu'à ses plaisirs. «

» Vous êtes bien méchant ! «

» Dites, Madame, que je suis vrai ! «

» Vous n'avez donc jamais le plaisir » d'*estimer* ? «

» Moi ! Je fais cas de celui qu'on appelle » *vertueux*, comme je fais cas d'un diamant ; » & je méprise celui qu'on nomme *vicieux*, » comme je méprise un caillou. J'évite ce- » lui-ci, comme ces reptiles dangereux dont » la nature est de mordre & de communi- » quer leur venin ; j'aime celui-là, comme » ces fruits délicieux dont mon palais se » trouve agréablement flatté. Au surplus, » si je n'ai pas le plaisir *d'estimer*, j'ai celui » de rire, qui vaut mieux ; il n'humilie & » ne fatigue jamais. «

Tout cela frappoit Madame *Hébert*, mais ne paroissoit pas la convaincre. Satisfait, cependant, qu'elle fût, pour ainsi dire, étourdie ; & craignant de m'enfiler si je poursuivois, je rompis la conversation, sous prétexte d'une visite indispensable. Je me retirai, en badinant sur le sérieux où je la voyois ; & en l'assurant, qu'elle s'amuseroit du Genre-humain, quand elle auroit l'habitude de le considérer en *Philosophe.*

» Monsieur, Monsieur! « me cria-t-elle, comme j'étois sur le pas de la porte » Encore un mot, s'il vous plait. L'homme » vertueux ne sera-t-il point découragé de » faire le bien, s'il apprend, que les *Philosophes* ne voyent, dans ses meilleures » actions, que la nécessité & l'intérêt per» sonnel? «

» Tranquillisez-vous, Madame, sur tout » ce que font les *Philosophes*! Il ne peut » jamais en résulter de mal. Ce soir, vous » aurez ma réponse, si vous n'en trouvez » point à la Question que vous venez de me » faire. «

Je ne fus pas fâché d'avoir, moi-même, quelques momens pour y réfléchir.

Je suis, &c.

HUITIEME LETTRE.

» JE vous tiens, Monſieur « me dit Madame *Hébert*, en me voyant reparoître. » Vous m'avez fourni des armes contre vous- » même. Vous m'avez dit, qu'*il n'y a*, *en ſoi*, » *ni vice*, *ni vertu*; que c'eſt une affaire » d'arrangement; qu'*intérêt* & *vertu* ſont » ſynonimes. Cependant le *Philoſophe*, Au- » teur de l'Ouvrage que vous m'avez prêté (& qu'elle avoit en mains) » ne ceſſe de » parler, & même avec enthouſiaſme, de » *la beauté naturelle de la Vertu*, de ſon » *excellence intrinſéque*, de l'*ordre moral*.... «

» Et vous voulez « lui dis-je, en l'interrompant » que je concilie ce langage avec » ce que j'ai eu l'honneur de vous dire? «

» Oui, Monſieur, s'il vous plaît. «

» Rien de plus aiſé. D'abord, Madame, » il eſt des momens où l'imagination d'un » *Philoſophe*, s'il a du génie, s'exalte, s'en- » flamme, dans le ſilence du cabinet; il ſe » crée une idole; il la careſſe; il la pare » des plus brillantes couleurs. Il peut ar-

» river que la Vertu ſoit cette idole ; dès-» lors elle devient pour lui ce qu'une maî-» treſſe eſt pour ſon amant, qui lui prète » toutes les perfections imaginables. L'en-» thouſiaſme eſt-il paſſé ? Ce Philoſophe » rit, & de l'idole qu'il s'étoit forgée, & » de lui-même, dont il étoit la dupe. Ob-» ſervez encore, que les hommes, quoique » méchans en détail & dans la pratique, » aiment aſſez, dans la ſpéculation, une » morale ſévère, ſublime, angélique. C'eſt » une belle chimère, qui amuſe leur amour-» propre, & qui eſt ſans conſéquence. Nos » Philoſophes-poëtes, qui connoiſſent l'hom-» me, le ſervent ſelon ſon goût ; ils ſe plient » à ſes fantaiſies. De-là ce pompeux éta-» lage de grands ſentimens, de maximes hé-» roïques, d'apophtegmes moraux, dont ils » décorent leurs Pièces Tragiques, & même » leurs Comédies. «

» Il faut donc, Monſieur, qu'il y ait dans » l'homme un penchant ſecret à la Vertu, » une eſpèce d'*inſtinct*..... «

» Ah, Madame, Je vois bien que vous » n'avez plus la foi au péché originel ! Croyez

» Croyez moins encore à la vertu origi- » nelle. Affaire de climat, de tempéra- » ment, d'éducation, que tout cela! Mais » ce n'eſt pas de quoi il s'agit à préſent. » J'ai eu l'honneur de vous dire, que les » *Légiſlateurs* ont eu leurs raiſons, lorſqu'ils » ont fait appeller *vicieuſes* ou *vertueuſes*, » telles ou telles actions. De leur côté, les » *Philoſophes*, ne voulant pas contrecarrer » à cet égard les Légiſlateurs, parlent, » ſouvent, comme eux, perſuadez que le » Vulgaire prendra littéralement les expreſ- » ſions dont ils ſe ſervent, ſi tant eſt qu'il » liſe leurs Ouvrages. Mais que font ces » mêmes *Philoſophes*? Ils poſent dans leurs » Ecrits des *principes* qui, aux yeux de » ceux qui ſavent voir, renverſent néceſ- » ſairement, par leurs conſéquences, ce » qui n'a été mis que pour le peuple. » Voilà, Madame, tout le myſtère. Per- » ſonne ne mérite plus que vous qu'on » l'initie à tous les ſecrets des *Philo-* » *ſophes*.... «

» Mais, Monſieur, vous me feriez preſ-

» que croire, qu'il y a dans tout cela un » peu de fripponnerie. «

» Un peu de fripponnerie ! Dites plutôt, » de la bonté, de l'excessive bonté. Vous » blâmez ce qui n'est digne que de » louanges ! «

Je prononçai ces derniers mots du ton d'un homme piqué, ne me souciant point que Madame *Hébert* insistât trop sur ce sujet. » Ne vous fâchez pas « me dit la bonne Dame, en me touchant la main » c'est un » pur badinage ; vous pouvez avoir raison ; » & tout au moins je vous remercie de » ce que vous daignez me confier les se- » crets des Philosophes. Je tâcherai de mé- » riter cet honneur. «

Je répondis à cela par un compliment, qui m'en valut un autre ; ce qui nous mit sur un ton de belle-humeur, qui m'enhardit à faire tomber la conversation sur un sujet assez délicat, dans la position où je me trouvois.

» Puisque le hazard « dis-je à Madame *Hébert* » nous a conduits à parler des *Paf-*

» *sions*, de quel œil penſez-vous que les
» Philoſophes les enviſagent? «

» Je l'ignore, Monſieur; mais je ſerai
» charmée d'apprendre ce qu'ils diſent ſur
» une matière auſſi intéréſſante. «

» Ils appellent les Paſſions, *le feu céleſte*
» *qui vivifie le monde moral.* «

» *Le feu céleſte qui vivifie le monde moral?*
» Voilà de grands mots.... «

Je développai à Madame *Hébert* le ſens de ces expreſſions énergiques d'un Philoſophe moderne; & je lui fis obſerver, que *l'orgueil* comble les vallons, applanit les montagnes, s'ouvre des routes à travers les rochers, éléve les Pyramides de Memphis, creuſe le lac Mœris, & fond le Coloſſe de Rhodes; que *l'amour* tailla le crayon du premier Deſſinateur; que le déſir de la *gloire*, ſur la cîme des Cordelières, au milieu des neiges, des frimats, incline les lunettes de l'Aſtronome; qu'il conduit le Botaniſte, pour cueillir des plantes, ſur le bord des précipices; que, par conſéquent, c'eſt aux paſſions que l'on doit l'invention & les merveilles des arts. Je lui montrai, de plus, qu'elles ſont la cauſe productrice de l'eſprit & du génie ; que le défaut de paſſions produit l'entêtement que l'on reproche aux gens bornés ; que ſans les paſſions la vertu eſt minucieuſe, & la vie, d'une fadeur inſupportable. Je hazardai quelques phraſes ſur la paſſion de l'amour ; j'étalai quelques-uns des actes héroïques qu'elle produiſit chez les Spartiates, les Thébains, les Samnites, & les autres Peuples qui avoient eu la ſageſſe d'en faire un des grands reſſorts de la Légiſlation. Je conclus de tout cela, que l'on doit regarder comme les hommes les plus dangereux dans un Etat, ces Déclamateurs ſans eſprit, qui, concentrés dans une petite Sphère d'idées, répétent continuellement ce qu'ils ont entendu dire à leurs Mies, recommandent ſans ceſſe la modération des déſirs, & voudroient anéantir les paſſions dans tous les cœurs.

» Mais « me dit Madame *Hébert* » ſi les » les paſſions font beaucoup de bien, ne » font-elles pas auſſi beaucoup de mal? «

» Cela peut être! Mais, quand l'huma-

» nité leur devroit ses vices & ses malheurs, » cela ne donneroit point aux Moralistes » le droit de condamner les passions & de » déclamer contre elles. «

» Et s'ils ne les condamnent que lorsque » leur objet est mauvais & nuisible à la » Société. . . . . «

» Qu'ils condamnent ce qu'ils vou- » dront ; ce sera toujours en pure perte. » Ordonnez à la pierre, jetée en l'air, d'y » rester suspendue, elle n'en obéira pas » moins à la loi de la pesanteur ! Quand » l'homme modéré dit à l'ambitieux, *Ne* » *soyez pas ambitieux*, je crois entendre un » Médecin dire à son malade, *N'ayez pas* » *la fièvre.* «

» Quoi, Monsieur ! . . . «

» Oui, Madame ! Conseiller à une per- » sonne d'une imagination emportée, de mo- » dérer ses désirs, c'est lui conseiller de » changer son organisation, c'est ordonner » à son sang de couler plus lentement. «

» Il me semble cependant que nous pou- » vons vaincre nos passions ! Vous me di- » siez, vous-même, un jour, en me van-

» tant *Socrate* & sa *Morale*, qu'il avoit » dompté un tempérament qui le portoit » à tous les excès. «

» Oui, Madame, c'est ce que l'on ra- » conte de ce Philosophe.... Mais.... en » vérité .... si vous voulez étudier l'hom- » me, vous verrez qu'il n'y a que les pas- » sions qui puissent combattre contre les » passions; vous verrez, que ces gens rai- » sonnables, qui s'en disent vainqueurs, » donnent à des *goûts très-foibles*, le nom » de *passions*, pour se ménager l'honneur du » triomphe; & que, dans le fait, ils ne » résistent pas à leurs passions, mais qu'ils » leur *échappent*. «

» La distinction est subtile .... mais, il » me vient à l'esprit une Question. N'arri- » ve-t-il jamais aux *Philosophes* de blâmer, » ou de louer telle ou telle action, qu'on » leur raconte, ou, dont ils sont les té- » moins? «

» Sans doute, & très-fréquemment! «

» Il me paroît, cependant, qu'il n'y a » jamais lieu au blâme, ou à la louange, » s'il est vrai, que *l'homme n'est pas libre*,

» qu'*il n'y a , en ſoi , ni vice ni vertu* , que
» *nous ne pouvons pas vaincre nos paſſions.* «

» Admirablement bien ! Je ſuis enchanté
» de votre pénétration ! . . . «

» De grâce, Monſieur ! Laiſſez-là les com-
» plimens, & daignez me répondre. «

» Eh bien , Madame , j'aurai l'honneur
» de vous dire , qu'à parler *philoſophique-*
» *ment* , il n'y a jamais lieu au blâme , ou
» à la louange , parce que l'homme , qu'on
» appelle *méchant* , produit des méchancetés,
» comme un *Sauvageon* produit des fruits
» amers ; & celui qu'on nomme *vertueux* ,
» fait des actes de vertu , comme un bon
» *Ceriſier* donne de bonnes ceriſes. «

» C'eſt-à-dire , que *vice* ou *vertu* , c'eſt
» l'effet d'un méchaniſme. . . . «

» Préciſement. Or, cela poſé, lorſqu'un
» *Philoſophe* approuve ou blâme une action,
» c'eſt, ou, par un effet de l'habitude qu'il
» avoit contractée , avant que la *Philoſophie*
» eût détruit ſes préjugés ; ou , par une
» ſuite de la convenance qu'il trouve , que
» telle action ſoit blâmée , & que telle autre
» reçoive des éloges. Au-ſurplus , quelque

» ſoit le langage d'un *Philoſophe*, il eſt tou» jours le plus indulgent des hommes ; ja» mais il ne mépriſe le vicieux ; il le plaint ; » & il remercie la nature, ſi elle ne lui » a donné aucun de ces goûts, aucun de » ces penchans qui l'euſſent forcé de cher» cher ſon bonheur dans l'infortune de ſes » ſemblables. «

» Et ſi ce ſont les intérêts propres d'un » *Philoſophe*, ſa fortune, ſa réputation, qui » ſouffrent d'une action injuſte, a-t-il cette » généreuſe indulgence ? «

» Peut-être blâme-t-il l'auteur de cette » injuſtice ; peut-être même s'emporte-t-il » contre lui, par un mouvement machinal, » comme un enfant bat la pierre contre la» quelle il s'eſt bleſſé ; mais cela n'empêche » pas, que, dans le fond de l'ame, il ne » convienne, que, s'irriter contre un hom» me injuſte, c'eſt s'irriter contre les gi» boulées du printems, les ardeurs de l'été, » les pluyes de l'automne, & les glaces de » l'hyver. C'eſt-là, Madame, un des grands » bienfaits de la *Philoſophie* ! «

» Vous regardez donc tous les hommes

» comme autant d'horloges, bien ou mal
» réglées ? «

» Moi, Madame ? J'aſſiſte, parmi les
» hommes, à un Spectacle, où tout m'amuſe,
» & rien ne me ſurprend. L'homme dur,
» mais vrai, eſt à mes yeux un caroſſe
» doublé d'une étoffe précieuſe, mal ſuſ-
» pendu ; le fat, un paon qui s'admire ; le
» foible & l'inconſtant, une girouette qui
» tourne à tout vent ; l'homme violent, une
» fuſée qui s'éléve, dès-qu'elle a pris feu ;
» ou, un lait bouillant, qui paſſe par-deſſus
» les bords de ſon vaſe. «

» Et quel effet produit ſur vous cette
» manière d'enviſager les hommes ? «

» Ne voyant en eux, comme *Démocrite*,
» que des foux ou des enfans, contre leſ-
» quels il ſeroit ridicule de ſe fâcher, je
» me ſuis fait à la bonté, au ſupport.... «

» Cependant, Monſieur le *Philoſophe* ! je
» pourrois vous citer quelques cas, où vous
» avez mis un peu de côté la *Philoſophie*.
» Vous ſouvient-il de ce jour où la co-
» lère..... «

» Je ne me donne pas pour *Philoſophe* ;

» mais pour aſpirant à l'honneur de l'être ?
» Par rapport au mouvement de colère qui
» m'échappa.... «

» Je badine ; je comprens très-bien qu'il
» faut que l'âge meûriſſe la *Philoſophie*.... «

» La foibleſſe humaine.... «

» Sans doute, Monſieur, ſans doute!...
» Mais, permettez que je vous demande,
» pourquoi, ſi nous ne ſommes pas libres,
» s'il n'y a, en ſoi, ni vice ni vertu, ſi
» nous ne pouvons pas vaincre nos paſſions,
» nous nous faiſons des reproches, lorſque
» nous avons commis une de ces actions
» qu'on a nommées *criminelles* ? »

» Qu'on a nommées *criminelles* ! Vous ré-
» pondez, vous-même, à votre Queſtion.
» Les Légiſlateurs, ayant fait paſſer telle ou
» telle action pour *vicieuſe*, ont formé, à
» la longue, la manière de penſer du
» Public. «

» Quoi donc, Monſieur, vous croyez
» que les Légiſlateurs auroient pu faire paſſer
» pour *criminelles*, la *reconnoiſſance*, la *véri-
» racité*, la *bienfaiſance*, & telles autres
» vertus ?... «

» Je ne dis pas cela .... ils auroient eu » peut-être quelque peine .... mais, pour » achever de répondre à votre Queſtion, » j'aurai l'honneur de vous dire, que l'Edu- » cation travaille en conſéquence de ce qu'ont » voulu les Légiſlateurs. On accoutume les » enfans à attacher l'idée du mal à certaines » actions; ils en contractent l'habitude; & » il arrive de-là, que lorſqu'ils ſe ſont » permis quelqu'une de ces actions, ils s'en » font des reproches. Telle eſt, en peu » de mots, la ſource de ce qu'on appelle » des *remords*, dont la tourbe des Mora- » liſtes & des Prècheurs ne ceſſe de vanter » les merveilleux effets. Et, à cet égard, » la force de l'habitude eſt prodigieuſe! On » a une peine infinie à détruire l'ouvrage » de l'éducation, qui a réaliſé des ſpectres! » Le dernier effort de la *Philoſophie*, ou, » pour mieux dire, ſon plus beau triomphe » conſiſte à écarter ces fâcheuſes réminiſ- » cences, à déraciner ces antiques préjugés, » qui ne ſervent qu'à troubler les plaiſirs, » ſi rares & ſi courts, que l'on goûte dans » ce monde. «

Madame *Hébert* fronçoit le ſourcil ; & , d'un ton , moitié goguenard , moitié lugubre ,

» Dites-moi, je vous prie ; voit-on des » *Philoſophes* qui aient ſçu étouffer entiére» ment les *remords* ? «

» Sans doute ! Je puis même vous dire , » comment ils ſont arrivés à ce haut point » de la Sageſſe. Le remords n'étant qu'une » ancienne habitude de ſentir, toute autre » habitude , ou plus longue , ou plus forte , » doit le vaincre néceſſairement. Le ſentier » le mieux frayé s'efface , comme on ferme » un chemin , ou , comme l'on comble un » précipice. «

» Mais , il me ſemble qu'il ne feroit pas » bon avoir affaire à des perſonnes , que la » *Philoſophie* auroit délivrées des remords ? » Et vous , Monſieur, êtes-vous de ceux....«

» Eh , Madame ! Connoiſſez mieux l'em» pire de l'organiſation !.... «

» L'empire ... de .. l'organiſation ? «

» Un moment , s'il vous plaît ; je ſens » qu'il faut que je m'explique. Je dis donc , » que , ſans la crainte des Loix , nul mé-

» chant ne feroit retenu. Les remords font » inutiles avant le crime ; il eft fait quand » ils paroiffent ; & il n'y a que ceux qui » n'en ont pas befoin qui puiffent en pro- » fiter. Le tourment des autres empêche » rarement (fi jamais) leur rechûte. Le » remords eft donc, au moins, inutile au » genre-humain. Il furcharge des machines » auffi à plaindre que mal réglées, entraî- » nées vers le mal comme les bons vers le » bien, & ayant déja trop, par conféquent, » de la frayeur des loix. Si la *Philofophie* les » foulage de ce fardeau, elles en feront » moins malheureufes, & non, plus impu- » nies. Les premiers hommes, qui en ont » eu d'autres à gouverner, ont fenti la » foibleffe du frein des remords. De-là eft » venue la néceffité d'étrangler une partie » des Citoyens pour conferver le refte ; » comme on coupe un membre gangrené, » pour le falut du corps. La Politique n'eft » pas fi commode que la *Philofophie*. La » Juftice eft fa fille ; les Bourreaux & les » Gibets font à fes ordres. Ils font plus » à craindre que la Confcience & tous fes

» remords. C'eſt la judicieuſe obſervation
» d'un *Philoſophe* de ce Siècle.... «

» N'eſt-ce point de celui dont vous parliez, il y a quelques jours, qui, dans la maladie dont il mourut, fut tourmenté par des remords ſur ſa conduite & ſur ſes Ecrits ? «

» Oui, Madame. Tout cela tient, comme vous ſavez, au dérangement des organes.... «

» Mais, en ſuppoſant, Monſieur, que le Bourreau ſoit plus à craindre que les remords, en ſera-t-il moins vrai, que la *Philoſophie* invite au crime, en délivrant des remords ? «

» Vous pourriez, tout-au-plus, dire, qu'elle invite *au repos dans le crime.* «

» Et vous croyez, qu'inviter au *repos dans le crime*, ce ne ſoit pas inviter *au crime même ?* «

» Quand ce ſeroit une ſeule & même choſe, faites bien attention, je vous prie, que les Philoſophes raiſonnent, qu'ils remontent aux *cauſes*, en faiſant abſtraction des *conſéquences ?* «

» Mais pourquoi cette abſtraction des » *conſéquences ?* «

» Parce que leur tâche n'eſt pas celle des » Satyriques, ou des Prédicateurs ; ils ne » moraliſent, ni ne prèchent ; ils n'écrivent » pas, non plus, comme *Citoyens*..... «

» Ils n'écrivent pas comme *Citoyens ?* .. «

» Non, Madame, mais comme *Philoſophes.* » Voyant que *Cartouche* étoit fait pour être » *Cartouche*, comme *Pyrrhus* pour être *Pyr-* » *rhus*, ils plaignent les méchans par hu- » manité.... «

» Ils plaignent les méchans par humanité ? « (D'un ton ironique, auquel je ne fis pas attention.)

» Oui, Madame ; & ils les tranquilliſent » par raiſon. S'ils les ſoulagent du fardeau » des remords, ils n'en reconnoiſſent pas » moins, que ces méchans en ſont un, » très-onéreux pour la Société.... «

» Et, par-là-même, Monſieur, les *Phi-* » *loſophes* ne devroient-ils pas augmenter la » peſanteur du fardeau des remords, plutôt » que de chercher à en délivrer les mé-

» chans? La Société n'y trouveroit-elle pas
» mieux son compte?... «

Au moment où j'allois répondre, soit fatigue, soit léger embarras, je ne fus pas fâché qu'on annonçât une visite. » A demain « me dit Madame *Hébert* » ne croyez
» pas que je vous tienne quitte ; je saurai
» bien vous retrouver. «

A peine, en effet, étois-je levé, qu'elle parut dans ma Chambre. » J'ai pensé « me dit-elle, après les complimens ordinaires »
» qu'il résulteroit de notre Conversation de
» hier « (Que j'avois craint qu'elle ne reprît à l'endroit un peu scabreux où nous l'avions laissée) » que nous ne sommes point
» responsables de nos actions, & que, par-
» là-même, nous n'avons rien à craindre
» ni à espérer, de la part de Dieu, après
» la mort? «

Comme c'étoit-là le point capital où je voulois en venir, je fus charmé que Madame *Hébert* vît, d'elle-même, cette délicieuse conséquence, qui l'acheminoit au terme de mes désirs. Voici ma réponse.

» D'abord, Madame; puisque vous me

» parlés

» parlés de *Dieu*, il eſt bon que vous ſa» chiez ce qu'en diſent les Philoſophes. Il » en eſt qui nient ſon exiſtence.... «

» Qui nient ſon exiſtence ? « (Le ton & l'air annonçoient un étonnement qui tenoit du ſcandale ; ce qui me fit prendre le parti de ne pas trop inſiſter ſur cet article.)

» Et cela, diſent-ils, parce que, quoi» que nous connoiſſions peu la *Nature* & » ſes propriétés, il eſt aiſé d'expliquer la » formation du monde, ſans recourir à un » Dieu Créateur.... «

» Oh, permettez que je vous demande, » comment ces Philoſophes s'y prennent » pour créer le Monde ? «

» Pas mal, Madame, en vérité ! Ce ne » ſont pas des démonſtrations.... «

» Voyons, Monſieur, voyons, s'il vous » plaît. «

» Lorſqu'un mouvement vague, mais con» tinuel & rapide, eut portéles atomes éter» nels « (je lui expliquai ce que c'étoit que ces *atomes*) » dont ce monde eſt compoſé, dans la » partie de l'eſpace qu'il occupe, ils commen-

» cèrent à s'entremèler ; & ce concours en
» fit d'abord une maſſe, où ſe trouvoient
» confondus des élémens de toute grandeur
» & de toute figure. Ce cahos dura peu ;
» tout ſe débrouilla bientôt.... «

» Ces Philoſophes ne déterminent pas la
» durée du Cahos ? «

» Non, Madame ; mais ils expliquent très-
» bien la manière dont il ſe débrouilla.
» Les élémens les plus peſans ſe précipitè-
» rent de toutes parts vers un point com-
» mun ; tandis que les autres, dégagés par
» cet affaiſſement, s'élevoient, à propor-
» tion de leur petiteſſe & de leur légé-
» reté..... «

» Fort bien, Monſieur ; chacun d'eux
» alloit, en droiture, à ſa place. «

» Les plus légers ſe réunirent dans la
» plus haute région, & leur enchaînement
» fit la Voûte céleſte. Divers amas de cor-
» puſcules moins déliés, mais tous extrême-
» ment ſubtils, s'arrètèrent dans les régions
» inférieures. Ces amas, d'abord informes,
» s'arrondirent inſenſiblement..., «

» En ſe frottant les uns les autres ; à ce
» que j'imagine ? «

» Il y a toute apparence. On en vit éclore
» le Soleil, la Lune, & tant d'Aſtres dont
» l'éclat éblouit nos yeux..... «

» Voilà le plus difficile aſſez promptement
» exécuté ! «

» La Terre fut le réſultat de la partie la
» plus groſſière des élémens, de ceux que
» la peſanteur avoit d'abord contraints de
» s'abbaiſſer.... «

» Elle en a bien l'air ! «

» Parmi les atomes qui la forment, il
» s'en trouvoit un grand nombre d'autres,
» plus polis, qu'ils avoient entrainés dans
» leur chûte.... «

» Et qui eurent la complaiſance de ne
» pas retourner à leur place naturelle ? «

» Oui, Madame ; & ils produiſirent l'O-
» céan, les Fleuves, les Ruiſſeaux. «

» Aſſurément, ils nous ont rendu un
» très-grand ſervice ! Pourſuivez, s'il vous
» plaît. «

» Tandis que la ſurface de la terre ac-
» quéroit la ſolidité que nous lui voyons,

» les minéraux, les pierres ſe formoient
» dans ſes entrailles, ainſi que les germes
» de toutes les eſpèces, ſoit de Végétaux,
» ſoit d'Animaux dont elle eſt peuplée.... «

» Voilà les germes créés; il n'y a plus
» qu'à les développer. «

» C'eſt ce que vous allez voir. Lorſque
» les eaux ſe furent retirées dans les Ca-
» vernes où le hazard avoit creuſé leur
» lit.... «

» Le hazard? Je croyois que les *Philo-*
» *ſophes* ne lui attribuoient rien. Ils ne
» l'employent, ſans doute, qu'à la dernière
» extrémité? «

» J'ai été ſurpris, comme vous, qu'ils
» n'aient pas ſçu creuſer ces Cavernes,
» comme ils ont ſçu faire tout le reſte.
» Quoi qu'il en ſoit, lorſque les eaux ſe
» furent retirées, la chaleur du Soleil dé-
» veloppa ces germes ſans nombre, & les
» fit éclore. Le même inſtant vit les Coli-
» nes & les Plaines ſe revêtir de forêts,
» les rochers ſe couronner de mouſſe, l'émail
» des fleurs relever la verdure des Prairies,
» les Plantes s'élever ſans ordre, & tous

» les Animaux ſortir confuſément de la
» terre. «

» Quoi ! Pèle-mèle ? «

» Les Inſectes & les Oiſeaux nâquirent
» d'abord. Les Hommes épars avec les Qua-
» drupédes, les Loups mèlés avec les
» Agneaux, toutes les eſpèces confondues
» virent, en même-tems, le jour. «

» Et tous dans un triſte état ; à ce que
» je penſe ? «

» Ces innombrables enfans de la terre
» étoient couchés ſur le limon qui la cou-
» vroit, expoſés aux influences de l'air, aux
» rayons du Soleil, ſans connoiſſance, ſans
» force, & preſque ſans mouvement..... «

» Tirez-moi de peine, Monſieur ! Je ſuis
» inquiéte ſur le ſort de tous ces animaux,
» & de l'Homme, en particulier, au milieu
» des Loups, des Tigres & des Lions ! «

» Des ruiſſeaux de lait.... «

» J'avoue que je ne les attendois pas-là ! «

» Des ruiſſeaux de lait, portés par un
» cours naturel vers les lèvres de tous les
» Animaux, firent couler dans leurs veines
» une ſubſtance pure, ſimple, & capable

» de contribuer à leur accroiſſement & à leur » perfection. «

» Eſt-ce-là, Monſieur, la fin du Roman? » Je ne penſe pas que vous donniez un » autre nom au récit que vous venez de » me faire.... Mais, il me vient une idée. » Comment ces ingénieux Frabricateurs du » Monde expliquent-ils, pourquoi la Terre » ne produit plus d'hommes? «

» Oh! très-bien, Madame. Ils diſent, » que la Terre a fait ſa portée de ce côté-» là; qu'une vieille Poule ne pond plus, » qu'une vieille femme ne fait plus d'enfans. «

» Mais il ne paroît pas que la Terre ait » ſi fort vieilli, puis qu'elle féconde ſans » ceſſe les germes qu'elle porte dans ſon » ſein?... Et ces Philoſophes prétendent-» ils, que les hommes ſoient ſortis de la » terre tels que nous les voyons aujour-» d'hui? «

» Selon eux, les premières générations » furent fort imparfaites. Ici l'Eſophage man-» qua; là les Inteſtins, &c. Les ſeuls hom-» mes qui purent vivre, ſe conſerver, & per-» pétuer leur eſpèce, furent ceux à qui il ne

» manqua aucune partie essentielle..... «

» C'est-à-dire, qu'il y eut des combinai-
» sons plus ou moins heureuses? «

» Oui, Madame. La Nature fit bien des
» coups-d'essai, avant que de faire des coups-
» de-maître. On peut juger de ses tâtonne-
» mens, par ceux de l'*Art* pour l'imiter. «

» Mais, pour essayer, pour tâtonner, il
» faut de l'intelligence; ces Philosophes
» en donnent-ils à la Nature? «

» Non, sans doute! «

» Ils ne conviennent pas, par exemple,
» qu'elle ait fait l'œil pour voir, & l'oreille
» pour entendre? «

» Ils s'en gardent bien! Les Elémens « di-
sent-ils » de la matière, à force de s'agiter
» & de se mêler entr'eux, étant parvenus à
» faire des yeux, il a été aussi impossible de
» ne pas voir, que de ne pas se voir dans
» un miroir, soit naturel, soit artificiel.
» N'y a-t-il pas eu un Peintre qui, ne pou-
» vant représenter à son gré un Cheval écu-
» mant, fit la plus belle écume, en jetant de
» dépit son pinceau sur la toile? «

» Mais, comment ces Philosophes font-ils

» ſortir d'une cauſe aveugle, un Etre intelli-
» gent ? «

» Ils ont un peu plus de peine ; cepen-
» dant ils en viennent à-bout. Comme, po-
» ſées certaines Loix phyſiques, il n'étoit
» pas poſſible que la Mer n'eût ſon flux &
» reflux, de même, certaines Loix du mou-
» vement ayant exiſté, elles ont formé des
» yeux qui ont vu, des oreilles qui ont en-
» tendu, des nerfs qui ont ſenti ; enfin,
» elles ont fabriqué le Viſcère de la penſée.
» La Nature ayant fait des yeux, ſans voir,
» elle a fait, ſans penſer, une machine qui
» penſe. Combien d'enfans extrêmement ſpi-
» rituels, dont les Pères & Mères ſont im-
» bécilles ou ſtupides ! Mais en voilà aſſez ſur
» cette première claſſe de Philoſophes ; vou-
» lez-vous que nous parlions des autres ?

» Oui, Monſieur ; mais, à demain, s'il
» vous plaît ; je ſuis obligée, dans ce mo-
» ment, de vaquer à quelques affaires. «

Elle ſe retira ; & moi j'allai réfléchir ſur ce que j'avois encore à lui dire.

Je ſuis, &c.

Fin du Premier Tome.

www.ingramcontent.com/pod-product-compliance
Ingram Content Group UK Ltd.
Pitfield, Milton Keynes, MK11 3LW, UK
UKHW022056260726
13993UKWH00001B/151